THE ABC OF STOCK SPECULATION
Explained Completely by Top Trader

股票投机指南

顶级交易员深入解读

[美] 萨缪尔· A.尼尔森（Samuel A. Nelson）/原著

魏强斌/译注

经济管理出版社
ECONOMY & MANAGEMENT PUBLISHING HOUSE

图书在版编目（CIP）数据

股票投机指南：顶级交易员深入解读/[美] 萨缪尔·A.尼尔森（Samuel A. Nelson）原著；魏强斌译注.
—北京：经济管理出版社，2018.10
ISBN 978-7-5096-5975-5

Ⅰ.①股… Ⅱ.①萨… ②魏… Ⅲ.①股票投资—经验—美国 Ⅳ.①F837.125

中国版本图书馆 CIP 数据核字（2018）第 200438 号

组稿编辑：勇　生
责任编辑：勇　生　刘　宏
责任印制：黄章平
责任校对：董杉珊

出版发行：经济管理出版社
　　　　　（北京市海淀区北蜂窝 8 号中雅大厦 A 座 11 层　100038）
网　　址：www. E-mp. com. cn
电　　话：（010）51915602
印　　刷：三河市延风印装有限公司
经　　销：新华书店
开　　本：787mm×1092mm/16
印　　张：14.75
字　　数：271 千字
版　　次：2018 年 12 月第 1 版　2018 年 12 月第 1 次印刷
书　　号：ISBN 978-7-5096-5975-5
定　　价：68.00 元

Small losses often prove great gains!

——Samuel A. Nelson

序 投机与投资可以融合吗

投机与投资更多的时候是一个水火不容的问题。在大众看来，投资似乎更多的是以中枢回归为前提，而投机似乎更多的是以趋势跟随为前提。什么是中枢？价值！什么是趋势？这个问题更多是用技术手段来定义的，比如均线或者价格趋势线等。

"交易"这个词更加中性，我通常用它来涵盖"投资"和"投机"。当我说到巴菲特是交易者时，有读者表示"严重抗议"：巴菲特是投资者，怎么是交易者呢？其实，看你如何去理解了。交易是市场博弈的具体形式，当巴菲特买入时，有人卖出，这不是交易吗？

有人说，投资不是零和游戏，投机才是零和游戏。其实，**投机是当前利益的分配，是当前利益的零和博弈；而投资则是现在和未来利益的分配，是"贴现后的全部利益"的分配。投机是利用对手盘的非理性，投资何尝不是利用对手盘的非理性。**当巴菲特买入时，对方之所以愿意卖出有两种情况：第一，对手急需短期流动性，不得不折价抛售；第二，对手因为误判了资产未来的价值，也就是低估了资产价值的贴现值，稀里糊涂地折价抛售了。折价分为两个部分：一是现价低于静态价值，或者说账面价值；二是现价低于静态价值和未来价值的整体贴现值。第一种折价是格雷厄姆式的投资，第二种折价则是巴菲特式的投资。**无论是哪种投资，其实都利用了对手盘的非理性，否则凭什么别人让巴菲特捡便宜。**

非理性才能让价值显著低估的机会出现，而这种"浑水摸鱼"其实具有投机的属性。投资在于估值，但是估值可以分为两个部分，第一个部分是业绩流和基准利率，第二个部分是风险溢价。其中，风险溢价与非理性最相关。投机的"机"源于波动，投资的"资"源于价值中枢。但是，如果没有非理性波动，又怎么可能有价值高估或者低估的机会呢？产生投机"机会"的波动同时也产生了投资的"机会"。

本书原著已经出版超过一百年，又过了差不多三十年格雷厄姆才提出投资的概念和价值投资的框架。但是，本书却提出了许多融合投机与投资的框架，在本书原著的作者看来投机与投资并无天然的界限。

如何融合投资与投机呢？我对原著作者的思路进行了梳理，然后提出了这个框架（序图-1）。用一些估值手段可以大致划定一个价值中枢区域，当然这或许存在争论，因为估值本来就不是一门硬科学，但是可以给我们一些参照。价格显著高于价值中枢则被称为"极端高估区"，价格显著低于价值中枢则被称为"极端低估区"。

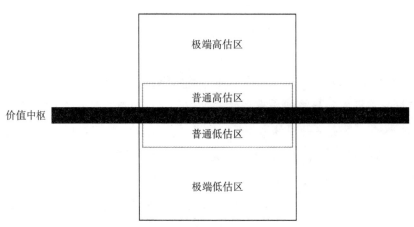

序图-1　价值与价格波动区间

本书原著作者认为，应该先对股票的内在价值进行评估，当股价跌入到极端低估区域时，开始建仓（序图-2）。底仓建立后，如果价格上涨或者下跌，只要还在极端低估区域中就可以加码买入。下跌加码可以降低平均持仓成本，上涨加码可以利用趋势。前者是投资的手法，后者是投机的手法，无论手法如何，本质都是基于价值进行投资。在安全足够的前提下，追涨和逢低加码都是正确的。

序图-2　极端低估区的操作

一旦股价继续上涨进入到普通低估区（序图-3），则可以顺势加码，这个时候就是投机的手法为主了。在普通低估区，安全空间变小了，逢低加码风险提高，除非价格重新跌入到极端低估区。

图序-3　普通低估区和上涨加码买入

一旦价格超过价值中枢，进入普通高估区，升至极端高估区，则应该采用跟进止损（序图-4）。本书原著作者面对的是中小资金交易者，不用像大资金一样需要考虑成交量和市场流动性问题，因此他主张采用跟进止损，这样可以吃掉更多的利润，将情绪化上涨的这一段也把握住。一般的价值投资者到了普通高估区就可能离场了，但是融入投机手法后，则可以追逐风险溢价变化和市场情绪高亢带来的"机会"。

序图-4　高估区域跟进止损

简言之，本书原著作者的本意是在价值低估区买入，并且加码，然后在价值高估区跟进止损。单就做多而言，在价值中枢以下投资，在价值中枢以上投机。

魏强斌

2018 年 3 月 14 日　成都

导言 成为伟大交易者的秘密

◇ 伟大并非偶然！

◇ 常人的失败在于期望用同样的方法达到不一样的效果！

◇ 如果辨别不正确的说法是件很容易的事，那么就不会存在这么多的伪真理了。

金融交易是全世界最自由的职业，每个交易者都可以为自己量身定做一套盈利模式。从市场中"提取"金钱的具体方式各异，而这却是金融市场最令人神往之处。但是，正如大千世界的诡异多变由少数几条定律支配一样，仅有的"圣杯"也为众多伟大的交易圣者所朝拜。我们就来——细数其中的最伟大代表吧。

作为技术交易（Technical Trading）的代表性人物，理查德·丹尼斯（Richard Dannis）闻名于世，他以区区 2000 美元的资本累计赚取了高达 10 亿美元的利润，而且持续了数十年的交易时间。更令人惊奇的是，他以技术分析方法进行商品期货买卖，也就是以价格作为分析的核心。但是，理查德·丹尼斯的伟大远不止于此，这就好比亚历山大的伟大远不止于他建立了地跨欧亚非的大帝国一样，丹尼斯的"海龟计划"使目前世界排名前十的 CTA 基金经理有六位是其门徒。"海龟交易法"从此名扬天下，纵横寰球数十载，今天中国内地也刮起了一股"海龟交易法"的超级风暴。其实，海龟交易法的核心在于两点：一是"周规则"蕴含的趋势交易思想；二是资金管理和风险控制中蕴含的机械和系统交易思想。所谓"周规则"（Weeks' Rules），简单而言就是价格突破 N 周内高点做多（低点做空）的简单规则，"突破而作"（Trading as Breaking）彰显的就是趋势跟踪交易（Trend Following Trading）。深入下去，"周规则"其实是一个交易系统，其中首先体现了"系统交易"（Systematic Trading）的原则，其次则是体现了"机械交易"（Mechanical Trading）的原则。对于这两个原则，我们暂不深入，让我们看看更令人惊奇的事实。

巴菲特（Warren Buffett）和索罗斯（Georgy Soros）是基本面交易（Fundamental investment & Speculation）的最伟大代表，前者 2007 年再次登上首富的宝座，能够时隔

多年后二次登榜，实力自不待言，后者则被誉为"全世界唯一拥有独立外交政策的平民"，两位大师能够"登榜首"和"上尊号"基本上都源于他们的巨额财富。从根本上讲，是卓越的金融投资才能使得他们能够"坐拥天下"。巴菲特刚踏入投资大门就被信息论巨擘认定是未来的世界首富，因为这位学界巨擘认为巴菲特对概率论的实践实在是无人能出其右，巴菲特的妻子更是将巴菲特的投资秘诀和盘托出，其中不难看出巴菲特系统交易思维的"强悍"程度，套用一句时下流行的口头禅"很好很强大"，恐怕连那些以定量著称的技术投机客都要俯首称臣。巴菲特自称85%的思想受传于本杰明·格雷厄姆的教诲，而此君则是一个以会计精算式思维进行投资的代表，其中需要的概率性思维和系统性思维不需多言便可以看出"九分"！巴菲特精于桥牌，比尔·盖茨是其搭档，桥牌运动需要的是严密的概率思维，也就是系统思维，怪不得巴菲特首先在牌桌上征服了信息论巨擘，然后又征服了整个金融世界。由此看来，巴菲特在金融王国的"加冕"早在桥牌游戏中就已经显出端倪！

索罗斯的著作一箩筐，以《金融炼金术》最为出名，其中他尝试构建一个投机的系统。他师承卡尔·波普和哈耶克，两者都认为人的认知天生存在缺陷，所以索罗斯认为情绪和有限理性导致了市场的"盛衰周期"（Boom and Burst Cycles），而要成为一个伟大的交易者则需要避免受到此种缺陷的影响，并且进而利用这些波动。索罗斯力图构建一个系统的交易框架，其中以卡尔·波普的哲学和哈耶克的经济学思想为基础，"反身性"是这个系统的核心所在。

还可以举出太多以系统交易和机械交易为原则的金融大师们，比如伯恩斯坦（短线交易大师）、比尔·威廉姆（混沌交易大师）等，太多了，实在无法一一述及。

那么，从抽象的角度来讲，我们为什么要迈向系统交易和机械交易的道路呢？请让我们给你几条显而易见的理由吧。

第一，人的认知和行为极其容易受到市场和参与群体的影响，当你处于其中超过5分钟时，你将受到环境的催眠，此后你的决策将受到非理性因素的影响，你的行为将被外界接管。而机械交易和系统交易可以极大地避免这种情况的发生。

第二，任何交易都是由行情分析和仓位管理构成的，其中涉及的不仅仅是进场，还涉及出场，而出场则涉及盈利状态下的出场和亏损下的出场，进场和出场之间还涉及加仓和减仓等问题，这些涉及多次决策，在短线交易中更是如此。复杂和高频率的决策任务使得带有情绪且精力有限的人脑无法胜任。疲劳和焦虑下的决策会导致失误，对此想必是每个外汇和黄金短线客都深有体会的。系统交易和机械交易可以流程化地反复管理这些过程，省去了不少心力成本。

　　第三，人的决策行为随意性较强，更为重要的是，每次交易中使用的策略都有某种程度上的不一致，这使得绩效很难评价，因为不清楚 N 次交易中特定因素的作用到底如何。由于交易绩效很难评价，所以也就谈不上提高。这也是国内很多炒股者十年无长进的根本原因。任何交易技术和策略的评价都要基于足够多的交易样本，而随意决策下的交易则无法做到这点，因为每次交易其实都运用了存在某些差异的策略，样本实际上来自不同的总体，无法用于统计分析。而机械交易和系统交易由于每次使用的策略一致，这样得到的样本也能用于绩效统计，所以很快就能发现问题。比如，一个交易者很可能在 1，2，3，…，21 次交易中，混杂使用了 A、B、C、D 四种策略，21 次交易下来，他无法对四种策略的效率做出有效评价，因为这 21 次交易中四种策略的使用程度并不一致。而机械和系统交易则完全可以解决这一问题。所以，要想客观评价交易策略的绩效，更快提高交易水平，应该以系统交易和机械交易为原则。

　　第四，目前金融市场飞速发展，股票、外汇、黄金、商品期货、股指期货、利率期货，还有期权等品种不断翻新花样，这使得交易机会大量涌现，如果仅仅依靠人的随机决策能力来把握市场机会无疑于杯水车薪。而且大型基金的不断涌现，使得仅靠基金经理临场判断的压力和风险大大提高。机械交易和系统交易借助编程技术"上位"已成为这个时代的既定趋势。况且，期权类衍生品根本离不开系统交易和机械交易，因为其中牵涉大量的数理模型运用，靠人工是应付不了的。

　　中国人相信人脑胜过电脑，这绝对没有错，但未必完全对。毕竟人脑的功能在于创造性解决新问题，而且人脑容易受到情绪和经验的影响。在现代的金融交易中，交易者的主要作用不是盯盘和执行交易，这些都是交易系统的责任，交易者的主要作用是设计交易系统，定期统计交易系统的绩效，并做出改进。这一流程利用了人的创造性和机器的一致性。交易者的成功，离不开灵机一动，也离不开严守纪律。当交易者参与交易执行时，纪律成了最大问题；当既有交易系统让后来者放弃思考时，创新成了最大问题。但是，如果让交易者和交易系统各司其职，则需要的仅仅是从市场中提取利润！

　　作为内地最早倡导机械交易和系统交易的理念提供商（Trading Ideas Provider），希望我们策划出版的书籍能够为你带来最快的进步，当然，金融市场没有白拿的利润，长期的生存不可能夹杂任何的侥幸，请一定努力！高超的技能、完善的心智、卓越的眼光、坚韧的意志、广博的知识，这些都是一个至高无上交易者应该具备的素质。请允许我们助你跻身于这个世纪最伟大的交易者行列！

Introduction　Secret to Become a Great Trader!

◇ Greatness does not derive from mere luck!

◇ The reason that an ordinary man fails is that he hopes to achieve different outcome using the same old way!

◇ There would not be so plenty fake truths if it was an easy thing to distinguish correct sayings from incorrect ones.

Financial trading is the freest occupation in the world, for every trader can develop a set of profit –making methods tailored exclusively for himself. There are various specific methods of soliciting money from market; while this is the very reason that why financial market is so fascinating. However, just like the ever–changing world is indeed dictated by a few rules, the only "Holy Grail" is worshipped by numerous great traders as well. In the following, we will examine the greatest representatives among them one by one.

As a representative of Techincal Trading, Richard Dannis is known worldwide. He has accumulated a profit as staggering as 1 billion dollar while the cost was merely 2000 bucks! He has been a trader for more than a decade. The inspiring thing about him is that he conducted commodity futures trading with a technical analysis method which in essence is price acting as the core of such analysis. Nevertheless, the greatness of Richard Dannis is far beyond this which is like the greatness of Alexander was more than the great empire across both Europe and Asia built by him. Thanks to his "Turtle Plan", 6 out of the world top 10 CTA fund managers are his adherents. And the Turtle Trading Method is frantically well–known ever since for a couple of decades. Today in mainland China, a storm of "Turtle Trading Method" is sweeping across the entire country. The core of Turtle Trading Method lies in two factors: first, the philosophy of trendy trading implied in "Weeks' Rules"; second, the philosophy of mechanical trading and systematic trading implied in fund

management and risk control. The so-called "Weeks' Rules" can be simplified as simples rules that going long at high and short at low within N weeks since price breakthrough. While Trading as breaking illustrates trend following trading. If we go deeper, we will find that "Weeks' Rules" is a trading system in nature. It tells us the principle of systematic trading and the principle of mechanical trading. Well, let's just put these two principles aside and look at some amazing facts in the first place.

The greatest representatives of fundamental investment and speculation are undoubtedly Warren Buffett and George Soros. The former claimed the title of richest man in the world in 2007 again. You can imagine how powerful he is; the latter is accredited as "the only civilian who has independent diplomatic policies in the world". The two masters win these glamorous titles because of their possession of enormous wealth. In essence, it is due to unparalleled financial trading that makes them admired by the whole world. fresh with his feet in the field of investment, Buffett was regarded by the guru of Information Theory as the richest man in the future world for this guru considered that the practice by Buffett of Probability Theory is unparallel by anyone; Buffett' wife even made his investment secrets public. It is not hard to see that the trading system of Buffett is really powerful that even those technical speculators famous for quantity theory have to bow before him. Buffet said himself that 85% of his ideas are inherited from Benjamin Graham who is a representative of investing in a accountant's actuarial method which requires probability and systematic thinking. The interesting thing is that Buffett is a good player of bridge and his partner is Bill Gates! Playing bridge requires mentality of strict probability which is systematic thinking, no wonder that Buffett conquered the guru of Information Theory on bridge table and then conquered the whole financial world. From these facts we can see that even in his early plays of bridge, Buffett had shown his ambition to become king of the financial world.

Soros has written a large bucket of books among which the most famous is *The Alchemy of Finance*. In this book he tried to build a system of speculation. His teachers are Karl Popper and Hayek. The two thought that human perception has some inherent flaws, so their students Soros consequently deems that emotion and limited rationality lead to "Boom and Burst Cycles" of market; while if a man wants to become a great trader, he must overcome influences of such flaws and furthermore take advantage of them. Soros tried to build a systematic framework for trading based on economic ideas of Hayek and philosophic thoughts

of Karl Popper. Reflexivity is the very core of this system.

I may still tell you so many financial gurus taking systematic trading and mechanical trading as their principles, for instance, Bernstein (master of short line trading), Bill Williams (master of Chaos Trading), etc. Too many. Let's just forget about them.

Well, from the abstract perspective, why shall we take the road to systematic trading and mechanical trading? Please let me show you some very obvious reasons.

First. A man's perception and action are easily affected by market and participating groups. When you are staying in market or a group for more than 5 minutes, you will be hypnotized by ambient setting and ever since that your decisions will be affected by irrational elements.

Second. Any trading is composed of situation analysis and account management. It involves not only entrance but exit which may be either exit at profit or exit at a loss, and there are problems such as selling out and buying in. all these require multiple decision-makings, particularly in short line trading. Complicated and frequent decision-making is beyond the average brain of emotional and busy people. I bet every short line player of forex or gold knows it well that decision-making in fatigue and anxiety usually leads to failure. Well, systematic trading and machanical trading are able to manage these procedures repeatedly in a process and thus can save lots of time and energy.

Third. People make decisions in a quite casual manner. A more important factor is that people use different strategies in varying degrees in trading. This makes it difficult to evaluate the performance of such trading because in that way you will not know how much a specific factor plays in the N tradings. And the player can not improve his skills consequently. This is the very reason that many domestic retail investors make no progress at all for many years. Evaluation of trading techniques and strategies shall be based on plenty enough trading samples while it's simply impossible for tradings casually made for every trading adopts a variant strategy and samples accordingly derive from a different totality which can not be used for calculating and analysis. On the contrary, systematic trading and mechanical trading adopt the same strategy every time so they have applicable samples for performance evaluation and it's easier to pinpoint problems, for instance, a player may in first, second ... twenty-first tradings used strategies A, B, C, D. He himself could not make effective evaluation of each strategy for he used them in varying degrees in these

tradings, but systematic trading and mechanical trading can shoot this trouble completely. Therefore, if you want to evaluate your trading strategies rationally and make quicker progress, you have to take systematic trading and mechanical trading as principles.

Fourth. Currently the financial market is developing at a staggering speed. Stock, forex, gold, commodity, index futures, interest rate futures, options, etc, everything new is coming out. So many opportunities! Well, if we just rely on human mind in grasping these opportunities, it is absolutely not enough. The emergence of large–scale funds makes the risk of personal judgment of fund managers pretty high. Take it easy, anyway, because we now have mechanical trading and systematic trading which has become an irrevocable trend of this age. Furthermore, derivatives such as options can not live without systematic trading and mechanical trading for it involves usage of large amount of mathematic and physical models which are simply beyond the reach of human strength.

Chinese people believe that human mind is superior to computer. Well, this is not wrong, but it is not completely right either. The greatness of human mind is its creativity; while its weakness is that it's vulnerable to emotion and past experiences. In modern financial trading, the main function of a trader is not looking at the board and executing deals–these are the responsibilities of the trading system—instead, his main function is to design the trading system and examine the performance of it and make according improvements. This process unifies human creativity and mechanical uniformity. The success of a trader is derived from tow factors: smart idea and discipline. When the trader is executing deals, discipline becomes a problem; when existing trading system makes newcomers give up thinking, creativity becomes dead. If, we let the trader and the trading system do their respective jobs well, what we need to do is soliciting profit from market only!

As the earliest Trading Ideas Provider who advocates mechanical trading and systematic trading in the mainland, we hope that our books will bring real progress to you. Of course, there is no free lunch. Long–term existence does not merely rely on luck. Please make some efforts! Superb skill, perfect mind, excellent eyesight, strong will, rich knowledge—all these are merits that a great trader shall have to command. Finally, please allow us to help you squeeze into the queue of the greatest traders of this century!

目　录

整体，可能在一个错误的时机买入或者一个错误的时机卖出。

要想在金融市场持续赚到大钱，只有两条路：第一条路是价值投资，第二条路则是趋势跟踪。这两条路都非常考验人的耐心，一般人还没有入门就会打退堂鼓了。无论是价值投资还是趋势跟踪，其实都离不开复利法则的加持，而人类很难直观地意识到复利法则的威力，因此更倾向于短线交易。

高抛低吸比趋势交易更难，因为高抛低吸的操作更加频繁，出错的可能性更大，容错率更低。一些理论上可行的操作，在实践中也会碰壁。本书原著作者在本章提出的方法其实融合了价值投资与回调买入投机两种思路。具体来讲，有三个要素：第一，基于业绩预期进行估值。第二，等待足够的安全空间出现时准备买入。安全空间的来源有两个，一是大盘处于牛市，二是价格显著低于价值。第三，技术分析显示回调到位则实际买入。

交易者在分析股票的时候，需要按照三个步骤来展开：第一步，考虑想要介入股票的价值；第二步，确定股价波动的主要运动，也就是股价运动的趋势，日线走势图在这一分析中具有重要的价值；第三步，确定股价在次级折返中的位置。

我们在分析股票的时候，需要确定一只股票在一个季度内的价值和价格相对情况，并且观察主力或者投资者会否在这段时间内将股价推向价值中枢。通过这种方法可以预判出股价的趋势，换言之洞察了价值就掌握了股价波动的灵魂。

对于成交量不足的股票，不应该预先设定止损单。而对于那些交投还算正常，甚至活跃的股票，则应该设定止损单，交易者也应该根据特定的方法来设定具体的止损单。

当交易者听到的消息基本上是确实无疑的，也未必能够盈利。正因为市场中一切皆有不确定性，因此止损单能够起到真正的保护作用。倘若买入后股价如预期一般上涨，则皆大欢喜。但是，股价如果下跌，则止损单会帮助你限制亏损扩大。假如交易者只是听从别人的建议而买入股票，并未设置止损单，则最后容易遭受大幅的亏损。

如果恪守某些原则可以让每个人从股票市场上获利，那么为什么现实却并非如此呢？而是大相径庭呢？进一步来讲，什么妨碍了大众恪守这些有效的原则呢？

如果交易者不能够通过专门的通信线路及时跟进市场，那么交易者就应该避免对股价波动过度敏感。这类交易者更明智的做法是选择长线交易，具体来讲就是不应该追逐那些活跃的热门股，而是根据可靠的证据，如基于对指数大势、估值优势等强有力的研判进行交易。

远离华尔街的交易者在进行股票交易的时候，务必保证所要买入股票的价格在价值之下，要首先确认这一点。唯有先确认了这一点，才不会在股价出现调整和下跌时，惊慌失措，改变既定的操作计划。当交易者确认股票的估值优势之后，应该尽量等到大盘正常回落之后才买入。

当经纪人为了买入股票而从银行融资时，他会先提供20%的资金作为保证金，剩下的资金找银行借。除了找银行融资之外，经纪人也可以将手头的股票拆借出去以获得资金。因此，几乎所有的经纪人都愿意借出股票，特别是在借入股票需求很大、拆借利率较低时更是如此。在这种情况下，借出股票的经纪人不但不用支付利息，还能获得利息收入。

市场经验告诉我们，只有当交易者清楚某只股票的价值，或者洞察到某只股票的价值出现了变化，那么才适合交易这只股票。交易者至少应该清楚在某段时间内哪些股票的价值被市场高估，哪些股票的价值被市场低估。如果大盘的趋势向下，那么交易者应该在反弹时，卖出估值过高的股票，并且在下跌趋势接近尾声时买入那些被低估的股票，并且在取得合理收益后卖出。

事实上，华尔街的专业人士，甚至那些掌握了大宗交易内幕的专业人士，往往都没有掌握市场变化的客观规律。他们越是懂得股市的真相，也就越发敬畏市场，越发谨慎。大多数时候，那些想要运作个股走势的主力对大盘走势最心存敬畏，因为他们清楚人类预测能力的局限性。

经纪人需要承担起两个责任：第一，经纪人从客户那里收取了佣金，那么就要履行其交易指令；第二，经纪人向客户提供融资，类似于银行向客户提供抵押贷款，经纪人从客户那里收取了类似于抵押物的保证金，同时直接持有股票，这些都是维护经纪人自身权益的保障。但是，证券经纪人与银行的权利义务却有些差异。

经济危机和股市恐慌确实具有这样的特性，因为商业和经济的运行有从一个极端演化到另一个极端的特征。经济的参与者们总是倾向于在通缩的时候收缩业务活动，在通胀的时候扩张业务活动。大众对经济和股市的信心存在 5~6 年的周期，其间从绝望演变到亢奋，然后再从亢奋演变到绝望。

谣言遍地的华尔街是一个令人感到讽刺的现象。毕竟，新闻机构或报章媒体的责任是只要当谣言被证实时，或者有强有力证据支撑时才能被公之于众，但是媒体往往在谣言和小道消息被证实前就大肆传播。审慎客观原则被媒体抛之于脑后。当然，正如古言所说——山雨欲来风满楼。

一些交易者之所以选择场外交易，存在诸多原因。首要原因是交易所太过嘈杂，而远离交易所的办公场所更加静谧，而这对于某些交易者而言是最重要的事情。再者，不受干扰地坐在行情接收器旁边可以让交易者更好地研判市场，也可以冷静而不出错地迅速下达交易指令，这些好处完全抵消了远离市场的坏处。

从容淡定的人不会因为失败而垂头丧气，也不会因为成功而趾高气扬，如果还有其他必要的素质，那么就非常适合从事投机活动了，但是这并不意味着成功投机是可以完全让人放松的事项。实际上，大多数成功的投机者都时常处于专注状态，不少人都因为焦虑而有身心疲倦的症状。

部分股票交易者认为，如果自己开户的经纪公司与庄家存在密切关系，那么自己也可以借此提高交易的胜算率。当然，某些时候，这样的关系确实可以提供一些优势。但是，这些交易者需要明白的一点是他们的利益只会被经纪公司放在更次要的位置，一旦出现利益冲突，经纪公司与庄家就会牺牲散户的利益。

对赌交易行经营者的利润从哪里来呢？从实质上来讲，对赌交易行的业务就是和客户进行一系列的赌博。客户会猜测股价的涨跌，但事实表明这类猜测的错误率极高，要想持续获利简直难如登天。大多数远离华尔街的投机客都习惯于买入股票，他们不敢做空，因此被华尔街称为胆小鬼。因此，在牛市时，大多数投机客都站在了做多一边，而对赌交易行则不得不站在空头一边，由于市场持续上涨，对赌交易行的客户们积累了大量的账面利润，而对赌交易行则亏损惨重。客户们赚了多少，对赌交易行就亏了多少。对赌交易行的老板不会老实认输，他会采取各种手段来干扰客户的获利，让账户出现问题，实在不行则携款潜逃。

那么，交易者如何获得更快的报价呢？有两个办法：第一个办法是通过纽交所的快速股价收报价机；第二个办法是与纽交所的会员建立秘密联系。具体来讲，第二个办法其实是采用"无线"的方式。首先纽交所的会员将行情及时传给身在联合交易所的接盘员，然后接盘员通过手势将价格涨跌信息传递给身在交易池内的投机者，这时候联合交易所内的报价可能还未更新，投机者迅速买卖，抢了个时间差。

所谓的"股票推荐者"一般分为两类：第一类是一些普通男女，伪造一个假的名字或者打着某家信息咨询机构的名字进行广告，招徕客户，贩卖一些有关大盘和个股的资讯和建议。第二类是一些正规的股市信息咨询机构，它们通常不会进行广告宣传。

要密切关注市场舆情的变化。当市场的投机氛围浓重时，需要密切关注大众的情绪和共识预期。交易者需要恪守的一个原则是当大众的预期高度一致的时候，要敢于逆向操作。如果大众一致看涨或者看跌的时候，你选择了随波逐流的操作，则非常危险。因为这个时候市场随时有转势的可能，而这会导致随波逐流的人遭受重大损失。有经验的投机客都明白当过多的人看涨某只股票时的危险。

主力的动作是基于散户的动作，主力在高位买入或许是为了观察散户跟风的热情，进而试探股价走高的潜力；主力在低位卖出时为了打压股价，观察筹码松动的情况，并且趁机逢低吸纳。投机客并未意识到参与者之间的相互影响，他们并未意识到自己的行为会影响主力的行为。从本质上来讲，投机客认为自己可以在走势不变的情况下改变自己的行为，但实际上忽略了一旦自己改变行为，走势也会发生变化。

大众恐惧且厌恶股市下跌，因为他们大部分不了解股市中的做空操作，还有一些人本能地排斥介入下跌中的股市。即便是职业交易者也会对此厌恶而不是利用股市下跌。但是，如果你想要成为一个合格的交易者，那么就必须克服这样厌恶，努力学习如何在熊市中操作，因为熊市往往比牛市持续更长的时间。因此，交易者至少在一半时间当中应该是一个做空者。

大部分情况下，游资推动的强劲上涨会引来散户的跟风盘，这就帮助了主力操盘手完成股价上涨的工作。职业投机者则倾向于在上涨时买入，而不是在下跌时买入。机构投资者往往是在下跌时买入，而在上涨时卖出。

我在本章中将给出5次股市恐慌时龙头股的波动数据，这5次恐慌发生的时间依次是1873年、1884年、1893年、1895年和1901年。

1885~1886年，1890~1895年，牛市一波接一波。而这些牛市的终结往往都是因为货币紧缩引发的。在这些牛市泡沫中，最为著名的是一次涉及布鲁克林捷运（Brooklyn Rapid Transit）。

认购计划上市的股票存在不少风险因素。旧金山公债与美国钢铁债券便是其中较为典型的例子。实际上，发行计划和方案出现变化，甚至取消发行上市计划的风险始终存在，有一个更为臭名昭著的案例是数年前英国政府宣布准备发行印度公司新股，由此导致发行前的认购交易火爆，但是政府此后取消了发行计划，导致所有的认购交易都泡了汤。

要琢磨大众和散户的头寸分布，因为主力不会在大众集体进场买入时拉升，也不会在大众集体卖出时做空。融资融券的利息是了解大众头寸的一个重要指标，但是这个利息也容易被捏造，因此需要从对赌交易所和经纪商方面来了解客户的头寸分布情况。如果这些机构的客户们基本上都做空，那么做多就非常安全。相反情况下，如果散户基本都做多，那么做空就非常安全。

理性的交易者在交易股票前需要先研究大势和大盘，然后在研究个股所在的板块是否受到正面影响。接着，确认个股的内在价值是否被低估，是否处于上升通道中。如果大盘和大势看好，板块处于上行态势，个股价值被低估，则应该买入这只股票。买入后，股价暂时停滞不要沮丧和急躁，因为如果公司业绩持续增长，而股价不变，则估值优势越来越大，上涨的可能性和潜在空间也就越大。一旦股价开始上涨，不要有了几个点的利润就匆忙离场。如果股价上涨，但是估值仍旧具有优势，那么就应该加码买入。坚定持有，直到价格显著高于价值，或者采用跟进止损离场，这才是真正的盈利之道。股市大家的赚钱风格不是频繁交易，而是准确预判内在价值的趋势，逢低买入，持有到估值优势丧失。

第1章

股票经纪人、交易所与股票投机的起源

以史为鉴，根据板块股票所处的阶段来考虑投机对策。

——萨缪尔·A.尼尔森（Samuel A. Nelson）

词源学权威对于"经纪人"（Broker）一词的来源意见不一。《雅各布法律辞典》（*Jacob's Law Dictionary*）是这样说的："经纪人"一词的起源有许多个不同的说法，汤姆林斯（Tomlins）认为，它是从萨克逊语（Saxon）的 Broc 派生而来的，也就是"不幸"（Misfortune）的意思，用来形容一个破产了的商人，据说"Broker"最初也是用来形容这类不幸的商人；考厄尔（Cowell）则认为，"Broker"来自法语的 Broieur，这个词汇的意思是将东西破碎成片的人或者机器，而"Broker"则意思就是将一笔交易拆分成更多小笔的人。拉丁语中经纪人的单词为"Obrocator"，似乎明白无误地表明萨克逊语的 Abroecan 是"Broker"的真正起源，因为 Abroecan 有"破碎"（Break）的意思。作为 Abbrochment 和 Abroachment 的词根，Abroecan 的意思是将货物拆分进行零售。

本章着重于考证，对于交易者而言意义不大，可以跳过。

沃顿（Wharton）则认为"Broker"一词源自法语的 Broieur 或是拉丁语 Tritor，也就是将东西破碎成片的人或者机器。韦伯斯特（Webster）则认为"Broker"可能来自英语古词汇"Brocour"或者是诺曼第法语（Norman French）的"Broggour"，以及法语的"Brocanteur"。韦伯斯特对动词

《韦氏词典》是学习英语者最青睐的词典之一。

"Broke"的解释之一为"以居间人身份做生意"，同时指出这个词可能源自"Brock"一词。

伍斯特（Worcester）则认为，"Broker"一词有三个来源：第一个来源是盎格鲁—撒克逊语（Anglo-Saxon）的"Brucan"，意思是"离开办公室"；第二个来源是"Brocian"，意思是"压迫"；第三个来源是法语的"Broyer"，意思是"碾碎"。

最早出现"Broker"这个词的文学作品是皮尔（Pier）的《农夫》（Ploughman），书中写道："我是居住在伦敦的经纪人（Burgeis），经纪人喜欢找茬，他们是背后骂人者（Brocour）"。很明显，这里将经纪人的意思明确地表示了出来，也就是"挑剔的人"。在普罗旺斯语（Provencal）中"Brac"则是"拒绝"的意思。韦奇伍德（Wedgwood）也指出"Broker"最初的意思是"检验并拒绝接受不符合标准的商品"。

克拉布（Crabb）在其统计著作中提到了"Broker"这个词语，他写道："在罗马帝国有一个众所周知的官僚阶层，他们的责任结合了银行家、兑换商、经纪人（Broker）、代理人和公证人等岗位特征，可以用一个短语来定义他们——Proxe netea"。

其实，早在1285年，"Broker"这个词就出现在了英国的《国会法案》（Act of Parliament）中了。这个法案规定"未经市场监管官员、市长或者市议员的批准并宣誓就职者，不能在伦敦履行经纪人的职责"。

一位股票交易的法律权威——约翰·E.多斯·帕索斯（John E.Dos Passos）指出："300多年后的1606年，也就是詹姆斯一世（James the First）在位到时候，英国通过了另外一部法令，对"Broker"一词进行了更加细致准确的定义，其中使用了货物和商品等词汇，这表明当时股票经纪人在法律上还不存在。要到了17世纪晚期，当东印度公司（East India Company）妇孺皆知的时候，股票交易才在英国成为一个正式的行业，到了那个时候"Broker"一词才具有了股票经纪人的含义。"

由于经纪人和经纪行在出售各类商业票据和股票时采取了不正当的做法，使得监管部门在1697年出台了一项严格的法规，只许可那些合格且宣誓的人成为经纪人。威廉三世（William Ⅲ）在位期间通过了多项法令以规范股票经纪人的职业行为。

股票经纪人是受股票和基金持有者的雇用，以盈利为目的代为撮合和买卖股票和基金资产的人。最近数年，由于国家的长期债务显著增加，使得股票经纪人的规模越来越大，并且在整个社会经济中扮演着越来越重要的作用。监管当局允许他们在银行附近的场所经营，以便他们之间，以及与委托人之间更加便捷地交易。他们先在自己的经营场所对业务进行记录和整理，然后再进入银行，以及南海公司和印度公司的办公室进行交割和清算，这样可以避免拥挤和混乱。在股票交易时段内，这些场所拥挤不堪，如果不提前做好准备，则在规定的时间内完成整个交易和结算流程是不可能的。

正如一位十六世纪的法律专家写道的那样：有一句古老的谚语言简意赅而且中肯——"买卖之间的利润占到价格的 20%"。但是，经纪人以商誉担保的商品比我们普通商人更好销售，通过经纪人可以赚到 2 倍的利润，如果不通过经纪人则可能亏本。经纪人在很大程度上避免了口头协议中产生的分歧，因为合格的经纪人及其账本能够消除这些分歧和纠纷。

股票经纪人的主要业务在股票交易上，然而股票交易的历史现在只能追溯到 17 世纪中期，因为在更早的时期中股票这类资产并未在法律中得到确认。当商业和商业实体出现在古罗马时，股票经纪这类事物还未出现在其历史记载中。

在《昂和埃姆论企业》（*Ang & Ames on Corporations*）这本书第 10 版第 18 章第 26 节中，有一段话："商人合作委员会（Collegium Mercantorum）早在公元前 493 年的罗马便已经存在了，但是现代的交易所（Bourse）一词却起源于拉丁语'Bursa'，出现的时间大概在 15 世纪。法国的布尔日（Bourges）正在和荷兰的阿姆斯特丹竞争世界第一个股票交易所的头衔。"

约翰·E.多斯·帕索斯指出："古罗马的法律要求至少三个人才能组建公司，当然公司会给每个成员一定比例的股权或者其他形式的所有权凭据。但当时是否发行了股票？如果发行了的话是否能够作为资产买卖和流通？股票拥有者是否有权在临终前转让其股权？这些公司是否能够向个人授权？等等。这些问题都没有找到答案。古罗马的法律虽然对各类商业问题进行了阐述和规定，但是却没有对上述问题给出答案。"

1770 年，英国勋爵曼斯菲尔德（Lord Mansfield）在一场采用股票作为货币来使用的争论中反驳道："股票是最近几年才出现的新玩意儿，怎么就成了货币了？"这表明股票在当时还是新兴事物。

股票交易所目前的形式直到近代才具雏形。1670 年，股票与商品经纪人集中经在伦敦康希尔（Cornhill）进行交易，到了 1698 年伦敦的股票经纪人才建立了他们的专用场地。

美国的第一个股票交易所于 18 世纪初叶在费城建立，费城的股票经纪人管理委员会编撰了正式的交易所章程予以执行。纽约股票交易所建立于 1817 年，是在上述费城交易所的基础上建立起来的，不过有一点令人费解的是该机构公文上的建立日期写的却是 1972 年 5 月 17 日，公文上还有许多经纪人的签名。公文的宣誓内容为："我们作为上市公司交易的经纪人，一致同意经纪费用不低于 0.25%。"

梅德贝里（Medberry）在其著作《华尔街的那些人和事》（*Men and Mysteries of Wall Street*）一书中描述了美国早期的股票交易情景：在华盛顿担任总统期间，美国的纸币

如同废纸一般，这使得股票更能保值，于是有大约 20 个股票经纪人在办公室举行了会议，并且签署了一份建立行业协会组织的协议。这份协议的签署日期是 1792 年 5 月 17 日。当时这些经纪人的业务量还没有 1870 年华尔街上最差经纪人的业务量大。

独立战争时期，美国滥发纸币，数量惊人。 这时候有人想要从纸币滥发造成的市场波动中获利。此后几年当中，一家顶级的经纪商从众多佼佼者中脱颖而出，因为这家经纪商的成员成功地从纸币滥发制造的市场波动中获利。1812 年的战争给了股票投机第一波推动力，当时政府发行了 1600 万美元的中期国债，使得政府债务增加到了 1.09 亿美元。当时股市波动剧烈，大资本家有赚有赔，银行股成了当时的热门股。

1816 年，银行数量超过 200 家，资本数量庞大。1817 年某日，纽约的股票经纪商们在某个办公室举行了秘密会议，决定派出一位代表秘密调查当时竞争对手费城所采用的组织形式和制度。这次秘密调查的成果丰硕，以此为基础其起草的议程和章程最终获得了大多数经纪人的认可，纽约股票交易所正式建立起来了。

三年后，也就是 1820 年 2 月 21 日，纽交所对章程进行了彻底的完善和修改，同时几个金融大鳄加入，这使得纽交所的实力进一步增加。因此，大众认为纽交所的历史其实应该从 1820 年算起。

投机在欧洲也有明确标志性事件，如"郁金香泡沫""南海泡沫""约翰·劳（John Law）恶性通胀"，以及后来在南非矿山股票（Kaffirs）上的疯狂投机。

在美国，铁路运输股在半个世纪内成了投机的重点对象，该行业的兴起、衰退、重组和复兴都造成了投机泡沫的形成和破灭。 而在过去的十年中，制造业企业的蓬勃发展成了滋生股票投机的土壤，企业公开发行股票的热情高涨，都想分一杯羹。同历史上的铁路股一样，制造业股票也有其盛衰周期，因此本书的读者们应该以史为鉴，根据板块股票所处的阶段来考虑投机对策。

> 股市要有大行情，必须从以下三个要素中寻找：业绩、流动性、无风险利率和风险偏好。

> 几大经典泡沫事件可以参阅查尔斯·P.金德尔伯格的《金融危机史》一书。

第2章

股票投机

决定股价走势的三个根本因素是业绩、流动性（无风险利率）和风险偏好。而题材是决定风险偏好的重要因素之一。

——魏强斌

股票市场经过多年的发展以后，股票投机目前已经变得耳熟能详，而且在整个经济中起着日益重要的作用。从 1896 年到 1902 年，工业企业之间的兼并浪潮此起彼伏，股权结构处于持续的变动之中，相关上市公司的投资与投机也备受大众关注。此前，企业的股份掌握在少数人手中，但是现在由于股票市场的发展使得股权高度分散。例如，过去只有 10 个股东的公司，现在则被上百上千的股东持有。过去个人控股的矿场和工厂，现在则成了股份类企业，合资代替了独资。公众可以在股票市场上对上市的股份类企业进行买卖。例如，美国钢铁（United States Steel Corporation）一度有 4 万个股东，而美国白糖精炼公司（American Sugar Refining）则一度有超过 1.1 万个股东，这表明上市公司的股份相比此前更加分散。

其他类型公司的股份，如铁路板块的上市公司股份在最近 6 年当中被大众广泛持有，原因之一是铁路行业的复兴。其实，**铁路板块一直以来都是投机行为的催化剂。但是，大众对铁路股追捧的根源在于美国经济的繁荣和国民财富的丰盈。**

江恩在《华尔街选股术》（*Wall Street Stock Selector*）一书中也经常谈到这两家公司的投机操作。

题材投机是股市中永恒的现象之一，所谓的"事件驱动"不过是换了更加学术的称谓而已。

当今世界，证券交易所的跨国并购其实是延续了证券交易全球化的趋势。全球股票市场的联动，如美股对 A 股的显著影响，乍一看最近十年日益明显，无论是流动性因素的联动，还是科技题材股的联动、全球风险情绪的传染等都导致美股影响 A 股市场的开盘情形以及题材热点。

金融交易受到的社会关注度和认知度越来越高，但是直接参与者在金融化的后期会逐渐减少，机构化是趋势。

如今，参与纽交所上市股票买卖的投机者不再仅仅局限于纽约当地人，参与者扩展到了西海岸的加州，南部的得州，美国北部的加拿大，甚至英国伦敦和法国巴黎，以及德国柏林的投机者也参与到了纽交所的股票交易中。

现在，电报、电话和海底电缆等信息传递新方式的发展，使得股市行情的传播变得更加快捷，由此导致股票投机的速度和方式与此前大相径庭。站在纽交所创立者的角度来看，这一切都算得上真正的奇迹，即便是站在 20 年前这个市场的大庄家的角度来看，今日股市的诸多发展也让他们惊叹不已。

为了让今日华尔街的股市能够正常运行，需要一笔巨大的费用。相关统计数据表明，华尔街股市上的 300 家主要上市公司每年需要花费 1500 万美元来维持股票交易。

今天，无论是从商业角度还是宏观经济发展的角度来看，各种迹象都表明股票投机在美国经济中发挥的影响力和承担的角色都是不可忽视的。1901 年，纽交所的交易数量曾经在数日内超过 300 万股。如此巨大的交易荷载，让股票交易系统几近瘫痪。谁也不知道，这样的记录在未来是否会被刷新。但是有一点是可以确定的，那就是不久的将来，参与股票投机的人不再仅仅是交易所附近的职业投机客，因为现在社会上已经有了不少投资者和投机客对股票交易非常关注。

第3章

股票投机和赌博

是基于博弈框架进行分析和行为，还是受到情绪和本能的驱使，这是赢家和输家的根本区别。

——魏强斌

投机与赌博的区别是什么呢？在许多情形下，这两个词汇是可以替换的。但是，从更加严格的意义上来讲，投机更倾向于为一种智力行为，而赌博则纯粹是受运气驱使而已。不过，我们仍旧难以对两者做出明确的区分。这就好比风趣和幽默之间的区别一样，两者的细小差别是存在的，但是在许多语境下两者是可以互换的。投机和赌博两者的情况也如此，投机并不能与运气完全摆脱干系，赌博也并非毫无推理逻辑。所以，在这里我只是给出一个相对准确的区分：**投机是建立在推理基础上的冒险行为，而赌博则是毫无逻辑可言的冒险行为。**

法律也对两者给出了不同的对待：支持投机，反对赌博。虽然近乎所有商业活动都与投机有或多或少的关系，但是投机这一术语还是狭义地专指那些确定性非常低的商业活动。部分不具备相应经验的人认为投机无非就是碰运气而已，运气能有什么规律可言呢？其实，这样的认识是极其错误的。

就股票市场而言，其中的经纪人究竟是投资者还是投机客？他们是庄家还是赌徒呢？那么，投资者、投机客、做市

有效的赌博是投机，无效的投机是赌博。本书原著作者提出"投机—赌博"二分范畴的主要目的在于给出"正确的投机"应该如何。正如格雷厄姆为了刻画正确的投资而先行给出了"投资—投机"的二分法。赌徒也有成功的，投机客也有成功的，有效与否不在于名相，而在于是不是符合"博弈论"的原则。

如何应对不确定性？贝叶斯推理是一个利器！

有没有专业素养和理性的行为能力是职业赌徒与一般赌徒、职业投机客与一般投机客的根本区别。是基于博弈框架进行分析和行为，还是受到情绪和本能的驱使？这是赢家和输家的根本区别。

赌场在商业和政治上并不具备明显的优势，因此面临同行竞争和社会压力，但是赌场相对于赌徒却处于巨大的优势地位。股票投机客如何让自己处于优势地位呢？内幕消息、题材、主力、大盘等因素中，你能从中借力几分？

作者的意思是不确定性更高，或者是风险暴露更大，则倾向于赌博性质；不确定性更低，或者风险暴露更低，则倾向于投机性质。不确定性和风险进一步降低则倾向于投资性质。

良好的风险报酬率管理是职业投机客与一般投机客的"分水岭"。

商和庄家都是赌徒吗？

有一个专业投机客对上述问题给出了部分解答："我不是赌徒，经纪人才是赌徒。我不过是一个初学者而已，只不过戒不掉'玩几把'的瘾而已。如果仅仅因为我进入赌场玩了几把就称我为赌徒，那么我肯定会非常不高兴的。我才不是什么赌徒，顶多算一个业余玩家而已。经营赌场的人才算得上是职业赌徒，而股票经纪人在股市中充当的角色就好比赌场中的荷官。当然，经纪人背后还有庄家。如果经纪人自己并不炒股，那么他也不会亏掉自己的钱，因此他就只是一个荷官而已。另外，那些将股票投机作为唯一收入来源的投机客也应该算作赌徒。"

从目前的情况来看，尽管投机和赌博两个词汇可以交替使用，相互替代，但是两者之间的区别还是明显的。其中一个显著的区别之处在于：尽管所有"股票市场上的赌徒"都是投机客，但是投机客未必就一定是赌徒。通常而言，当股票交易以部分保证金的方式进行时，股票投机就变成了赌博。下面，我举一些具体的例子来说明。

例子 1：A 走进股票经纪人的办公室，询问道："现在市况如何？"经纪人回答道："我听说圣保罗（St. Paul）开盘大涨了几个点。"A 听后说道："太好了，那就帮我买入 100 股吧，**上涨 2 美元就卖出兑现利润，下跌 1 美元就卖出停止亏损。**"显然，A 是在下注赌博，而 A 也认为自己是一个赌徒。

例子 2：B 也走进股票经纪人的办公室，询问了同样的问题，并且得到了同样的答案。B 听后说道："太好了，那就帮我买入 100 股吧，将交割单送到我的办公室，我会签支票给你。"B 全部动用了自己的资金，而不是用保证金来购买购票，因此他是一个投资者。如果称呼他为赌徒，可能会冒犯他。

例子 3：C 是一个场内交易员，当然也是交易所的会员。如果你问他的职业，他会说自己是一个交易员。如果让他给交易员下一个定义，他会说："站在我的角度来讲，我认为交易员与赌徒并无二致，风险极高，因此我从来不用自己的资

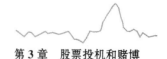

金买卖任何股票。我追随市场的微小波动，**利用最小的市场运动将管理资金的亏损缩减到最小**。虽然我也要想大赚，但更为现实的做法是牢牢抓住小利。我对于大势处于熊市，还是牛市并无深刻的洞察，但是对于市场的惯性我有非常准确的直觉。因此，无论市场涨跌我都抓到交易机会。"

对赌交易所的经营者和交易者都属于赌徒之列，而投资者不算赌徒。经纪人和庄家是不是赌徒，这个不好说，需要根据具体的情况来断定。

B 这个案例肯定会引发争议，B 其实与那些买入地产或者商品获取 10%利润的商人非常类似，因此可以将其看成是商业投资者。

尽管一些投机客与赌徒的行为类似，但是这并不意味着股票投机无足轻重。实际上，纯粹像赌徒的投机客只占极少数的比例。尽管股票投机有时会不可避免地带有赌博的色彩，但是如果因此将其从商业世界上剔除，则必然会使文明社会出现倒退，毕竟股票投机已经成了金融市场和商业贸易不可分割的部分。

对待股票投机，应该像对待艺术和科学等其他人类活动一样，采取一分为二的辩证立场。绝不要像部分神职人员和媒体那样，公开指责股票投机，似乎股票交易所和华尔街是人类堕落行为的"温床"。

那些对股票投机缺乏了解的人可能会对股票交易所以及投机客的作用提出质疑。其实，这样的质疑是肤浅的。实际上，股票交易所的成交价格准确地展示了股票的价值和交易状态，这就好比温度计对冷热的展示一样。股票市场是世界上最有效组织和可精确调整的市场。这个市场向大众提供大量拥有良好银行信贷记录的上市公司的资产，这些资产可以在任何交易日进行交易。股票市场为信贷市场带来了更大的弹性，因为上市公司可以通过股市满足资金需求，而不是只能通过货币和信贷市场。股票市场减少了国际金融市场对黄金的需求量，将这种需求降到最小化。股票市场其实也是金

在杰西·李默埠（Jesse Livermore）所处的时代，对赌交易所遍地开花，这类交易所类似于现在的许多黑交易平台。客户的单子并未递到合规市场去成交，而是被平台经营者接了，这意味着客户的盈利就是经营者的亏损，而客户的亏损就是经营者的盈利。因此，经营者必然想方设法使得客户整体亏损。

2015 年的 A 股市场是一个"分水岭"，投机和投资应该具有处于什么样的比例？这个问题其实引发了监管者和市场大众的深入思考。

融信贷市场的重要组成部分。股市和债市，增加了纸币的流通价值，扩大了纸币的使用范围，如果欧洲没有股市和可转换债券市场可供投资，那么美国在出口货物到欧洲时就不会愿意接受纸币支付，这样欧洲从美国进口货物时就必须支付黄金，而这样就阻碍了全球贸易和工业的发展。

股票交易所不仅提高了资金的利用效率，而且增加了资金的盈利能力，美国各家银行可以通过股票价格波动观察上市公司的信用状况，同时**股市也是商业的"晴雨表"和金融"风向标"，为商人和金融家提供指引**。

第4章

华尔街的道德规范

对抗和博弈的本质在任何地方都是一样的。

——萨缪尔·A.尼尔森 (Samuel A. Nelson)

一家享有世界声誉的报纸曾经在 1902 年就华尔街的道德规范发表社论。这篇社论指出华尔街的道德规范与社会其他部分的道德规范存在差别。这里的"道德规范"一词指的是华尔街和其他地方所恪守的一般准则，这篇文章并未清楚地讲出华尔街的道德规范有何独特之处，是否有本质的区别。

任何商业行为的目的都是"赚钱"，华尔街在这一点上并未任何迥异之处。或许某些商业行为或者行业行为在细节上与华尔街的行事风格存在细微的差异。其实，与其他商业行为相比而言，华尔街的某些商业优势正体现在其道德规范之上。

我在前面已经提到了一点，那就是华尔街的商业规范建立在对书面合同和口头协议的严格遵从上。恪守这一原则，对于保持华尔街商业活动的健康稳定运行具有十分重要的意义。华尔街自身也坚持高标准，因此违约情况很少发生。

不少人对华尔街的道德规范持有批判态度，认为与其他商业中心相比，华尔街的道德水平较低。之所以有这样的认识，可能的原因之一是很大程度上华尔街更加直率。华尔街并未大肆掩盖和伪装人类原始的情绪、贪婪以及自我防御的

"天下熙熙皆为利来，天下攘攘皆为利往。"华尔街图利，但是恪守契约精神，这样"利方能久"。

"à la guerre comme à la guerre" 的意思为：

战争时期就战争时期。一般是指尽管情况不好也应该能适应困难，或指战争使一切合法化。在本书则是指华尔街的博弈是残酷的，如同战争一样。

资源一旦是有限的，博弈则不可避免。

利用对手盘的非理性是股市赢家的最根本特征。对手盘的非理性有时候是被诱导出来的，而这其中就有欺诈的成分。因此，恪守规则与误导对手盘是华尔街的两面，这就好比下棋。如果没有规则，大家没法玩；如果只有规则没有"诡计"，大家也没法玩。只不过有些"诡计"是符合道德和法律的，有些则相反。

合法化可以让许多行为进入到法律监管的范围，这样反而可以抑制黑暗势力和黑暗人性的参与。

本能。华尔街等股票交易所，如同罗马斗兽场一般，始终是洪荒本能碰撞的舞台。任何一个踏上这一舞台的人都十分清楚一点：他将面临惨烈的竞争，因此务必冷静下来以便更好地应对。

股市上的失败与古罗马斗兽场上的失败其实很类似，有一句法国谚语——à la guerre comme à la guerre，很好地刻画了华尔街的商业氛围。与其他商业中心相比，华尔街或许有很多的不同之处，但是其中最大的差别在于华尔街没有伪装和修饰。但是，**对抗和博弈的本质在任何地方都是一样的**。尽管欺诈在过去和现在也都存在于华尔街，而且这些欺诈具有华尔街的特点，但欺诈并非华尔街的主要特征，也不是股市规则中天生的事物。

与其他地方相比，华尔街确实看起来显得不那么道德。投机冒险基本上是每个企业主或者商人活动的一部分，因此没有人会认为这有什么不对。而在华尔街，投机行为更加公开透明，没有任何掩饰，任何人都能看到这类投机的展开。华尔街的投机与其他商业投机在本质上并没有多大的差别。如果一定要说有什么差别的话，那就是华尔街的投机并不掩饰，而其他地方的投机基本处于掩饰中。我们或许已经注意到了一点，那就是**未加掩饰的投机比掩饰下的投机更加公平公正**。可以这样说，所有的人都是赌徒，都多多少少抱有"暴富"的想法，而"暴富"的机会因为人的天性而具有不可抵抗的魅力。

华尔街的博弈清楚明了，没有任何伪装和掩饰，华尔街并不企图掩盖住人的天性和本能，但是大众却因此对华尔街充满猜忌和敌意。即使华尔街因为充斥着赌博行为而遭受到指控，那么这个指控能够针对的最主要错误也只是虽然华尔街恪守简单和公平的规则，但是它并不在乎大众是否意识到这一点。

其实，其他博弈场所在本质上与华尔街并无太大的差别，只不过更善于伪装和掩饰而已。从本质来讲，**当今的各种商**

业活动都具有一定的投机性，但是并不能因为它们具有投机性就批判为不道德。

一个满嘴谎言的人，如果在其他商业场所难以施展才华，在华尔街则更难。任何不恪守契约精神的人都难以在华尔街立足，因此诚实是华尔街最好的商业信条，这一点无可置疑。为什么要这样做呢？就是为了减少障碍和麻烦。其实，**要想取得成功，诚实是长期必须遵循的策略。**华尔街奉行不渝的策略就是诚实，因此完全不必对华尔街的道德规范品头论足。

在商品和天气期货市场中，如果没有了投机盘，套保和对冲也无法实现了。阴在阳之内，不在阳之对！股市中的投机只要是在规则之内展开的，就没有必要"炮轰"。水至清则无鱼，股市也何尝不是如此。

重复博弈必须恪守诚信原则，否则就是非理性行为。

第5章

科学投机

截短亏损，让利润奔跑！

——丹尼尔·德鲁（Daniel Drew）

下面这一问题经常被问及：到底有没有科学投机的方法？具体的答案不尽相同，但基本都是肯定的回答。但是这些回答往往都不够直接明了，往往附加了不少限制条件，因此相当于没有回答，没有实际意义。对照而言，股市上的实际操作者凭着经验归纳得出的普遍规律反而更值得我们去关注。

"低买高卖"（Buy cheap and sell dear）这句格言与投机的历史一样古老，但却留下一个关键的问题没有解决：**如何确定商品是低价还是高价呢？而这才是投机的关键所在。**

据称罗斯柴尔德兄弟按照如下原则行事：**对于一项自己估值清楚的资产，要在大众卖出的时候买入，或者在大众买入的时候卖出。**这项原则富有智慧，因为普通大众作为一个**整体，可能在一个错误的时机买入或者在一个错误的时机卖出。**原因之一是股票在某些时候会被庄家所操纵，而大众的买入或者卖出行为其实都在这个庄家的洞察和掌控之中。具体来讲，当大众想要买入的时候，往往是因为庄家想方设法让大众想买的；当大众想要卖出的时候，往往是因为庄家想方设法让大众想卖的。

因此，**某些股票经纪商的自营盘的操作会倾向于与大多**

理论永远不能代替实践，哪怕修心也属于实践的范畴。顿悟之前有量变的积累，金融市场没有天生的能人，只有不断实践和反思的能人。

投机行业充满了许多类似的"空论"，如"顺势而为"。如何做到顺势而为才是关键，但是这点一般在高手的口中"隐而不显"。

大众并非总是错误的，只有当大众高度一致的时候，这个时候往往就是趋势转折点了。所谓"极端悲观点"和"极端乐观点"其实就是共识预期高度一致的点位。当大众观点存在分歧时，趋势通常不会结束，而会继续前行。房地产市场何尝不是如此？当房价处于上涨中，而经济学家和网络大V们的意见分歧却很大，你认为上涨趋势结束的可能性有多大？

数客户的头寸相反。当经纪商的工作人员说"我们所有的客户都是多头"时，自营盘的交易员就会选择做空头；当经纪商的工作人员说"我们所有的客户都是空头"时，自营盘的交易员就会选择做多头。当然，这类操作并非百发百中，也有亏损的时候，不然经纪商的自营盘早就富可敌国了。例如，当股票持续上涨时，大多数客户都持有股票，这时候大多数人在账面上都是赚钱的，这个时候经纪商的自营盘如果盲目做空，必然以亏损收场，因此这个时候不能贸然做空。

　　总而言之，我们不能忘了罗斯柴尔德兄弟的上述原则：对于一项自己估值清楚的资产，要在大众卖出的时候买入，或者在大众买入的时候卖出。

　　丹尼尔·德鲁（Daniel Drew）曾经强调："**截短亏损，让利润奔跑！**"（Cut your losses short，but let your profits run！）虽然他把道理说得很明白，但是如果他晚年的时候也能如此操作，则也不至于晚景凄凉。但是，他的这句话却是交易中最为重要的原则，具体来讲就是买入股票后，如果股价上涨，则最好继续持股；如果买入后，股价下跌，则最好立即止损，因为出现这种情况极可能意味着看涨的观点是错误的。

　　整体上来讲，大众的行为却与这一原则背道而驰。他们往往在头寸有 2~3 个点的利润时就会立即兑现离场；而头寸有 2~3 个点的亏损是却死守不出，希望股价重回有利于自己头寸的走势。但是，如果在亏损幅度在 2~3 个点的时候还未离场，那么亏损幅度往往就会扩大到超过 10 个点。这个时候他们就会觉得很受打击，想要通过做空来锁仓，进而限制亏损不断扩大。

　　不少交易者在查看自己的股票交易记录时往往惊讶地发现一次幅度亏损将多次小幅盈利亏光。因此，**只有当交易者发现自己账户的平均获利显著大于平均亏损时，才算真正学会了交易。**

　　但是，交易者要做到这点非常困难，因为连续多次遭受 1~2 个点幅度的亏损会让人感到沮丧。如果交易者几次小幅度

旁注：

金融市场总是朝着让多数人亏损的方向运行的。

大众是否存在分歧，如果分歧显著存在，那么上涨趋势还会持续，这个时候做空风险很大，如果大众高度一致地认为上涨还会持续，那么至少会有显著调整来临。分歧从哪里看？媒体嘉宾和身边的股民应该是很好的样本。

如何做到"截短亏损，让利润奔跑"？跟进止损是一个较为具体的策略，但是如何具体设定跟进止损呢？

现代行为金融学和经济学称之为"倾向效应"。

趋势交易的最大难关就是胜算率低得让人失去继续下去的信心。

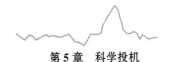

止损后都发现股价回升了，那么就很可能不再止损，而是继续持有多头头寸，那么这一次就可能是狼真的来了。

杰伊·古尔德（Jay Gould）指出，自己的策略是研究资产标的未来的情况，并且遵从自己的交易法则，然后以最大的耐心等待结果出现。这个策略听起来像是那么回事，但是执行的结果却难如人意。因为这个方法依赖于预判未来的能力，有这种能力当然再好不过。但是，许多交易者尝试了这一策略后发现，一旦忽略掉一些根本因素，则预判就会不准确，自然毫无价值，那么耐心和勇气也就没有什么意义了。但是，也不能因此而完全否定这一策略。**未来在某种程度上是可以预判的，现在预示未来，认真仔细地观察现在的情况，交易者总是能够发现一些蛛丝马迹的。**

趋势跟踪与趋势预测其实是可以组合起来运用的，只有预测，没有跟踪，那么就陷入了"主观盲动主义"；只有跟踪，没有预测，那就丧失了主观能动性。

两种常用的股票交易方法

仓位会影响心态，而心态会影响决策。

——魏强斌

股票交易的常用方法有两种：第一种方法是以较大的金额交易活跃股，并且利用止损单保护本金。采用这种策略的交易者不需要对股票的内在价值有深入的了解。这种方法最为重要的要求是应该操作活跃股，这样才能及时离场止损。买入股票后，交易者就应该观察股票走势，如果股价符合预期出现上涨，则耐心持仓，等到恰当的时机卖出；如果股价未能符合预期，而是出现了下跌，那么就应该在止损点卖出离场，避免亏损扩大。按照这种策略操作，只要胜算率接近50%，则必然累计获利。

第二种交易策略则迥异，采用这种方法的交易者必须清楚股票的内在价值。他不仅清楚股市的整体情况，还要知晓自己所要操作股票的价格与内在价值相比是高了还是低了，同时对该股未来至少数月的内在价值抱有坚定的信心。如果满足了上述要求，则交易者应该在恰当的时机和点位买入，然后**当股价每下跌 1 个点，就买入相同数量的股票**。

通常而言，资金雄厚的投资者最可能采取第二种方法，因为他们对潜在标的内在价值了然于胸，因此他们会在股价下跌的时候主动买入。他们对自己买入的股票非常了解，就

趋势投机是顺势，价值投资是逆市。一个"势"；一个"市"，你应该明白两者的区别了。

第二种交易方法在外汇市场中被称为"网格交易法"，当然整体思路上类似，并不完全一致，特别是在出场上有差别。

价值投资的基本要素是估值和安全空间，本段中作者基本点明了这两个要素，而本书的写作要比格雷厄姆的《证券分析》早几十年。本书于1902年出版，可见本书的作者确实有非凡的功力，不仅论及投机，而且论及了后面才正名的价值投资。

好像商家熟悉自己买入的商品一样。假设一件商品价值 100 美元，那么跌到 90 美元的时候，就意味着价格低于价值了，等到价格跌到 80 美元或者 70 美元的时候，交易者就可以大胆买入了。毕竟，价格低于价值的商品最终会向价值回升。因此，资金雄厚的投资者会密切关注自己中意的股票，这种持续跟踪和分析也是他们能够经常从操作中获利的原因。

但是，小资金交易者采用第二种方法则有两个不利方面。第一个不利方面是他们往往不能准确地估值。换言之，尽管他们在某种程度上对这只股票有所了解，但是程度仍然达不到基本的要求，因此容易受到不确定因素的干扰。当股价大幅下跌时，他们总是心存恐惧，惧怕自己忽略了某些降低估值的重要因素，因此他们更倾向于做空，而不是逢低加码买入以便降低平均成本。

第二个不利方面是小资金交易者通常缺乏足够的资金来实施这一方法。很多投机客认为如果以 10% 的保证金要求为前提，那么 1000 美元就可以做每笔 100 股的交易。其实，这种想法只能带来持续的亏损。

如果交易者想要分笔买入，那么 1000 美元做一笔 10 股的交易都捉襟见肘。查看一下活跃股的年度高点和低点，可以发现两者之间的差值往往能够达到 30 个点。如果按照第二种方法来操作，那么**交易者就需要按照股价可能下跌 20~30 点幅度来操作。即使交易者在股价从高点下跌 5 个点后才开始逐笔买入，那么在股价最终回升之前，他仍旧可能要买入 20 笔左右。**

但是，如果他能够获得 2500 美元作为本金，而且只操作 10 股一笔的优质铁路股，在上升趋势下跌 5 个点或者是下降趋势下跌 10 个点之后买入，并且每跌 1 个点就买入一笔，则他通常都不会亏钱。

采用第二种方法操作，需要耐心以及恪守纪律。只要严格按照这一方法去操作，那么任何人都会发现自己投入的资金可以得到极高的投资回报率。有一个说法很久之前就在华

> 价值投资越跌越买的底气来自对公司持续竞争优势和估值的全面而深入的把握。

> 第二种方法的要点是每下跌 1 点则买入一笔。在江恩的书稿中，1 点通常等于 1 美元，在本书中大致与此相似。

尔街流传："**想要暴富的人往往落得倾家荡产的结局，而只想要获得普通回报的人反而可能变得富可敌国。**"

上述观点可以换一种说法：不要为了获得暴利而去承担巨大的风险，谨慎交易则自然而然会累积利润。将各种风险综合考虑进来后，我认为即便是一个股市新手，如果能够恪守某些规则，并且以分笔方式进行交易，那么仍旧可能获得良好的投资回报。为了便于大家熟悉这些规则，我逐条列在下面：

1. 牛市和熊市的持续时间一般为 4~5 年，以平均指数为基准，我们就可以判断出当前是牛市还是熊市。

2. 明确自己要操作的股票。当前最好选择铁路股，因为这些股票目前支付股息。股价不要过高，也不要太低，**交投要求活跃**。牛市时要求股价低于内在价值，熊市时要求股价高于内在价值。可以大致通过可供分红派息的收益来评估内在价值。

3. 基于最近的股价波动幅度来选择交易时机。牛市中，选择股价从最近高点下跌 4~5 个点时买入；熊市中，选择股价从最近低点反弹 3~4 个点时做空。

4. 当持有头寸并未为出现较大幅度获利，或者对自己估值有信心时，就应该坚决继续持有。大家需要记住一点：通常而言，活跃股在弱势情况下会反弹 0.375~0.625，而在强势情况下则会上涨更大幅度。

5. **具备充足的交易资金，能够承受股价一波下跌完成而不会感到紧张或局促**。就目前而言，2500 美元的本金应该让你能够恪守每下跌 1 个点买入 10 股的要求。具体来讲，当股价从高点下跌 5 个点时买入第一笔，如果你有 2500 美元的本金则可以在此后每跌 1 个点的情况下继续买入，持续到股价从最低点回升。但是不要希望每笔交易都能获利，而是要关注整体获利情况。牛市中，交易者的操作可以激进一点，熊市中则应该谨慎一点。熊市中的反弹次数往往对应牛市中的回调次数。

要想在金融市场持续赚到大钱，只有两条路：第一条路是价值投资，第二条路则是趋势跟踪。这两条路都非常考验人的耐心，一般人还没有入门就会打退堂鼓了。无论是价值投资还是趋势跟踪，其实都离不开复利法则的加持，而人类很难直观地意识到复利法则的威力，因此更倾向于短线交易。

牛熊市的判断有很多方法，从技术面判断则可以依据道氏理论为主，当然也可以利用 N 字方法或者哈尔兹法则。这两种方法可以参考本书附录的扼要介绍。当然，现在的股票投机客还应该结合驱动面/基本面，以及心理面来分析大盘的趋势，这些参阅《股票短线交易的 24 堂精品课》一书，特别是心理分析可以参考该书的第十课"市场心理法则和各种魔咒：反常者赢与一叶知秋"，绝大多数市级图书馆和大学图书馆可以借阅到这本书。

斐波那契比率 0.382 和 0.618 与这里提出的反弹比率临近，你认为是偶然吗？斐波那契比率在股票交易方面的主要作用是提供进场和离场的具体点位，或者说时机，可以参阅《高抛低吸：斐波那契四度操作法》一书的系统专业介绍。

仓位会影响心态，而心态会影响决策。

6. 不要因为操作顺利而更改每笔交易的股数，变得更加大胆激进，从每笔 10 股增加到更大的头寸。例如，在资金并不充足的情况下，增加到每笔 100 股。几笔 100 股交易产生的亏损就能抹平许多笔 100 股交易产生的盈利。

7. 进行每笔 10 股的做空交易并无多大障碍，你总能找到愿意接受委托的经纪商。对于那些有自知之明同时本金保护意识强的交易者而言，这样的操作并无太大问题。

道氏理论的三个基本推论

第一条推论是市场的表象容易迷惑欺骗人。第二条推论是"截短亏损，让利润奔跑"是良好交易的关键。第三条推论是恰当地"贴现"未来是通往财富的可靠便捷之路。

——萨缪尔·A.尼尔森（Samuel A. Nelson）

在前面的篇章当中我们已经谈到了一事实，伟大交易者的经验可以归结为三条基本的推论。

第一条推论是**市场的表象容易迷惑欺骗人**。第二条推论是**"截短亏损，让利润奔跑"是良好交易的关键**。第三条推论是**恰当地"贴现"未来是通往财富的可靠便捷之路**。知道了这些推论之后，更为重要的任务是如何将这些听起来十分合理的推论落实到具体的实践运用中去。

首先，我们需要厘清整体市况，其次才能确认买卖的时机。通常而言，走势有三个层次：第一个层次的走势是日内有限的窄幅波动；第二个层次的走势是较短的波段，持续时间从两周到一个月，甚至更长；第三个层次的走势是跨越至少4年的主要运动。

不用支付交易佣金的做市商应该关注日内波动，而普通交易者则应该忽略这个层次的走势。第二层次的中期波动通常都需要进行考虑，场外交易者每次交易的股票不能超过3只，同时他应该保存有这些股票的价格走势图，以便查看这

市场表象容易迷惑人，而道氏理论则力图通过着眼于趋势而减少干扰，这点可以从《道氏理论》以及《股市晴雨表》两本经典中看出来。"截短亏损，让利润奔跑"其实是"顺势而为"的具体化，如何落地趋势交易，可以从这两点入手。"贴现"未来的收入流其实也是价值投资估值的基石所在。

这里的三个层次是道氏理论的主要模型之一。

个股相对大盘的态势是非常重要的一个关注维度，优秀的股票投机客非常注重这一点。个股强于指数，还是弱于指数具有非常有价值的指示意义。某些短线客会在分时图上关注个股与指数的强弱对比，他们整体上青睐那些强于指数的个股。这种观点一般被称为"双强模式"，在《股票短线交易的24堂精品课》一书的下篇当中有系统而全面的分析，可以参阅。

利用ATR（真实平均波幅）分析潜在风险报酬率和利润空间的做法是一种基于统计思维的交易策略，在《外汇短线交易的24堂精品课》当中我们运用了这种思维，其中有一个指标利用了这一思维。

高抛低吸比趋势交易更难，因为高抛低吸的操作更加频繁，出错的可能性更大，容错率更低。一些理论上可行的操作，在实践中也会碰壁。本书原著作者在本章提出的方法其实融合了价值投资与回调买入投机两种思路。具体来讲，有三个要素：第一，基于业绩预期进行估值。第二，等待足够的安全空间出现时准备买入。安全空间的来源有两个，一是大盘处于牛市，二是价格显著低于价值。第三，技术分析显示回调到位则实际买入。

些股票过去数月甚至数年的走势情况，**并持续关注个股相对于大盘的情况。**

交易者应该在关注股价波动的同时关注成交量的变化，同时记录相关个股的重要消息，例如，盈利的增减、固定费用的变化、流动债务和最为重要的月度收益的变化。同时，交易者应该利用指数来观察大盘的走势，因为指数比个股价格更能反映整体市况的变化和趋势。

交易者研究分析个股的目的在于：第一，能够确定目标个股的内在价值，而不是被上涨下跌的表象所迷惑；第二，确定买入的恰当时机，例如，假设目标个股的30日平均波幅为5个点，那么当日实际波幅为3个点则已经不适合买入了，因为此时买入的话潜在盈利就只有2个点了。

因此，要想获得足够的利润空间，则在下跌中寻求低点买入是比较聪明的做法。例如，假设我们正在交易联合太平洋铁路公司（Union Pacific）的股票，此刻该股票的价格明显低于其内在价值，而且大盘正处于4年牛市当中，同时假设该股股价从最高点下跌了4个点，而其公司业绩和预期都比较积极。这就是买入该股比较恰当的时机。但是谨慎的交易者可能会倾向于先投入计划资金的1/2，等待股价下跌后投入另外1/2。此后下跌的幅度可能超过了他最初的预期，因此需要等待较长的时间才能获利。甚至，交易者会在股价第一波上涨时抛出，寄希望于在回调时以更低的价格回补。

当然，上述一些操作都是针对特殊情况。在大多数情况中，基于这种思路选择买入时机都是在准确估值和判断大势的前提下。这样的操作可以让交易者在恰当的时机和点位买入股票，从而获得良好的收益。

第8章

市场波动层次的叠加

逆市而顺势，这就是见位进场的要诀所在。

——魏强斌

有一位记者疑惑地问我："有些时候，你的评论文章看好短期市场，但是对于长期表现却相对悲观，你能解释一下其中的缘由吗？"其实，经常有人抱着相同的问题来问我，这表明这些朋友不太了解股价在不同时间维度上的波动复杂性。大部分人似乎都认为股价逐日的波动是相互独立的，并无联系，他们忽略了更大时间跨度和规模上价格变化的任何关联。市场波动的真相并不像他们想的那样。

股市的波动其实是三种走势的叠加，它们相互联系和影响。第一种走势是局部和暂时的因素所引发的股价日内波动；第二种走势是 10~60 天的价格波动，平均下来则是持续 30~40 天的波动；第三种走势是 4~6 年的价格走势。

在道氏理论当中，第一种运动被称为"日内波动"；第二种运动被称为"次级折返"；第三种运动则被称为"主要运动"。

我们在分析研判股市走势的时候需要同时关注这三种走势，这样才能更好地把握时机。如果股市的主要运动趋势是上涨，当股市回调时，则是好的买入机会；如果股市的主要运动趋势是下跌，当股市反弹时，则是好的做空机会。

逆市而顺势，这就是见位进场的要诀所在。

交易者在牛市中做多或者在熊市中做空通常不会遭受什么损失。只要平均指数在最近一段时间内的若干高点都高于此前一段时间内的若高干点，那么就是牛市；相反，如果平

均指数最近一段时间内的若干低点都高于此前一段时间内的若干低点，那么就是熊市。

我们一般很难判断一波主要运动什么时候结束，因为这类价格波动很可能是重大趋势导致，也可能是次级折返引发的。

交易者在分析股票的时候，需要按照三个步骤来展开：第一步，考虑想要介入股票的价值；第二步，确定股价波动的主要运动，也就是股价运动的趋势，日线走势图在这一分析中具有重要的价值；第三步，确定股价在次级折返中的位置。

假设你选择了联合太平洋铁路公司（Union Pacific）的股票进行分析。从价格走势上来看，该股的上涨趋势即将来临。30天前该股的高点为108美元，然后逐渐回调到了98美元。倘若股价继续下跌，以这样的价格买入则非常有利，而且此后还可以加码。在买入前应该观察整个股市的态势，在买入后则应该耐心等待上涨的时机。

该股的态势表明，下跌10美元，基本上会引发一波超过5美元的回升，上涨10美元也不是什么问题。因此，如果市况良好，则最好等待股价上涨5美元之后再考虑跟进止损和离场的问题。

上述交易策略即便在熊市中也是非常可靠的，当然股价可能会因为某些重大的负面消息而被终止或者抑制，而这会导致盈利空间减小。

这里的三步分析可以概括为：估值、趋势和位置。

解读市场的方法

> 股价的趋势运动整体上反映了聪明资金的观点，这类资金从长期来讲是在不断努力让价格向价值靠拢的。

> ——萨缪尔·A.尼尔森（Samuel A. Nelson）

有一个撰写市场通讯的记者询问我："怎么通过行情走势、交易记录来预判股市的未来趋势？如何解读盘口呢？"这个问题经常被问到，是一个老生常谈的问题，答案很多。完全让人满意的回答是不存在的，但是有几种方法是值得我推荐给大家的。

第一种方法被称为"记录法"（Book Method）。具体来讲，股价每波动一个点，就将价格记录下来，这样就在纸面上形成了价格曲线，这条曲线随着价格走势的波动而起伏。有时候一只股票的交易比较活跃，多空斗争激烈，股价就会在一个狭窄的区域内波动，例如，在两个点的范围内窄幅盘整。经过一段时间后，一条较长的水平曲线就形成了。这样的价格曲线出现意味着该股的筹码已经相当集中或者分散。一些市场理论认为这种走势表明主力正在通过控制股价进行吸筹，过去 15 年的历史数据似乎也支持这一观点。

第二种方法被称为"双顶理论"（Theory of Double Tops）。历史数据表明，很多时候当股价升至一个顶部之后先是出现小幅回调，然后再度上涨，与这一顶部齐平，然后再度下跌。

江恩非常注重双顶形态，他进一步提出了两类进场点：第一类进场点是在第二个顶部刚刚形成时；第二类进场点则是在第二顶部形成后，股价跌破了双顶形态的颈线时。第一类进场点其实属于见位进场点；第二类进场点则属于破位进场点。

如果双顶形成，则价格可能进一步下跌。不过，如果只是基于这一形态进行交易，则会发现可靠性并不高，或者很久才会出现交易信号。

第三种方法被称为"回归均值理论"（Theory of Averages）。一些人以这种方法为基础进行股票交易。事实上，从长期来看股价下跌和上涨的天数大致上应该是接近的。如果股价持续上涨几天，那么接下来下跌几天是可能的。但是，这个理论也存在一些缺陷，因为股价可能确实在上涨之后下跌几天，但是上涨是更大趋势的一部分，因此上涨的幅度显著大于下跌的幅度。并且，市场在某些时间段内确实只上涨或者下跌，这就会在短期内打破回归均值的规律。从长期来看，股市的运动可能符合这一理论，但是如果想要在短期交易中运用这一理论则难免会碰壁。

第四种方法被称为"作用力和反作用力原理"（Law of Action and Reaction）。这一理论比回归均值理论更为有效。股市当中存在较为普遍的现象，那就是每一次市场的主要运动之后都会出现反方向的次级波动，次级波动的幅度通常为此前主要运动幅度的 3/8 左右。具体来讲，如果一只股票上涨 10 美元，则此后很可能会出现一个 4 个点左右的回落。无论主要运动的幅度有多大，这一规律往往都会起作用。另外，如果股价上涨 20 美元，则此后会往往会出现 8 个点左右的回落。不过，主要运动的幅度是难以预测的，但是主要运动的上涨时间越长，幅度越大，则积累的反作用力就越大，则交易反作用力的胜算率也就越高。

第五种方法被称为"跟风度理论"（Responses），有经验的交易者会基于这一理论来观察市场的动向进而做出交易决策。这一理论认为主力与操纵或多或少地存在于市场中。主力在运作的时候不会贸然行事，不会一来就全面介入目标板块的所有个股。他倾向于先拉高一两只个股的价格来试探和观察市场的跟风度。如果大众积极看多，跟风买入板块中的其他个股，则表明市场氛围有利于主力接下来的运作。

回归均值理论是网格交易法的前提，也是某些价值投资者的前提。但是大部分价值者是围绕价值这条线，而不是价格的均值进行操作的。

相反，如果主力尝试拉升的个股上涨，并未导致大众跟风买入，其他个股并未出现跟风上涨，则意味着大众缺乏热情参与。主力看到这一信号后就会停止拉升。有经验的交易者也会观察市场的跟风力度和热情，从而判断行情是否有延续度，是否值得参与。

另外，解读股市的最好方法是基于股票的内在价值进行观察，股价并非完全随风起舞的气球。**股价的趋势运动整体上反映了聪明资金的观点，这类资金从长期来讲是在不断努力让价格向价值靠拢的。**真正的市场大师并不是想要强行拉升股价，而是看目标股的内在价值是否在未来半年来引导股价上涨 10~20 个点。

因此，我们在分析股票的时候，需要**确定一只股票在一个季度内的价值和价格相对情况，并且观察主力或者投资者会否在这段时间内将股价推向价值中枢。**通过这种方法可以预判出股价的趋势，换言之洞察了价值就掌握了股价波动的灵魂。

借力而不斗力，向大盘、题材、估值和主力借力。

这一段分析堪称经典，因为其中将价值、价格、主力资金的预期三者之间的关系理清楚了。投机和投资之间的关系也略有提及。

止损单的运用

如果交易者采用了保证金交易，尤其是采用了较高杠杆进行交易的交易者应该明智地采用止损单。

——萨缪尔·A.尼尔森（Samuel A. Nelson）

一个财经新闻记者询问我："我的经纪人建议我采用止损单来保护本金，我觉得他这样说是出于私利。众所周知，经纪人的收入主要来自佣金，因此客户采用止损单对于他们而言是好事，但这会让客户承受不必要的亏损。先生，您的观点呢？你认为投机客需要为自己的交易设立止损单吗？"

可以通过采集一些样本并分析其平均值来回答这一问题。**我认为如果交易者采用了保证金交易，尤其是采用了较高杠杆进行交易的交易者应该明智地采用止损单。**当然，设定止损单也需要注意其他一些要求，不能随意设置。

如果你是投资者，站在投资的角度进行操作，收益取决于主要趋势运动，最少采用50%的自有资金，也就是低杠杆，甚至零杠杆，那么我认为就没有必要采用止损单。

进一步来讲，如果市场的平均指数显示股市处于上涨趋势中，而这一趋势通常会延续几年时间，期间只有短暂的回调。同时，交易者发现某一只股票的价格相对于其价值而言非常低，也就是说该股被显著低估了。如果交易者在该股暂时回落后买入这只股票，那么即便是持有数月时间以等待股

大盘趋势向上，个股被显著低估，买入并持有，等待价格充分反映价值。

价回升到与价值相当的水平，也是合理的。这种情况下的投资意味着设定止损单是毫无意义的。

但是，如果交易者自己有 2000~3000 美元的资金用于杠杆交易，他不考虑股票的内在价值，而是以股指为风向标判断股市的整体趋势。我个人的经验表明，如果这位交易者在上述策略中加入止损单，则可以让他平均每笔获利 2 点。

另外，如果某只股票在利好消息下却毫无理由地下跌了 2 个点，则意味着消息不属实或者是利好兑现，在这种情形下，投机客应该尽早离场，越早则损失越小。

因为现实往往是在股价波幅达到 2 个点之后，倾向于进一步运动。但是，人的天性却总是期初对小额浮亏毫不在意，等待亏损巨大必须割肉的时候，就变得十分恐慌，最终导致更加巨大的损失。

许多交易者都有这样的习惯：如果一只股票的股价下跌，在亏损 2 个点的时候，他们会继续持股，等待亏损扩大到了 10 个点之后，他们就认为下跌趋势会继续，然后才会采取相应的应对措施。

大多数交易者的经验表明，如果止损单兑现了小额亏损，则他们的交易在整体上也就只会遭受小额亏损；如果放任亏损扩大，亏损一旦持续到爆仓，则交易者将血本无归。

前面我曾经提到过"截短亏损，让利润奔跑"这句名言，这句名言得到了绝大多数交易者和经纪人的认可。这句名言是十几位交易大师的心血结晶。虽然止损单很少带来巨大的盈利，但是明智的交易者仍旧恪守这一规则。**对于采用杠杆进行交易的人而言，采用止损单是明智的行为。**

只有那些能够洞察趋势的人才能在股市上获利，这些人会大举买入自己看好的股票，采用的杠杆率不一。持有者会追随大势持有数月到数年时间，直到获取丰厚的收入。

大家可以回顾一下过去 6 年或者 1896 年以来的市场机会，投资者只要以每股 20 美元的价格在 20~40 只股票中挑选一只买入，持有到现在就可以以每股 80 美元的价格卖出。在

在股票市场上采用非杠杆的价值投资者确实不采用本章提出的止损单，但是仍旧需要一些特殊的措施来"保护自己的本金"。格雷厄姆基于保险精算原理将投资极度分散化，就是一种保护措施。

这段时间差不多一半以上的股票都是类似情形。如此好的机会不是每年都能碰到的，但是股票价格低于内在价值后显著上涨的机会还是比较容易预判出来的。

止损单对于股票投机而言是有价值的。如果交易者在回调刚开始的时候买入了股票，而根据作用力和反作用力原理回调一般会持续 5~6 个点的幅度，那么一开始就止损可以减少亏损幅度。

对那些身在外地、不能盯盘的交易者而言，止损单也是非常有价值的。当形式出现大幅变化，而经纪人却无法与客户及时取得联系，那么预先设定的止损单就起到了保护作用。

对于做空交易者而言，止损单也是非常有用的。因为在股价因恐慌情绪大幅下跌之后往往会急速反弹，如果这个时候进场做空则非常危险，止损单在这里也就起到了保护作用。倘若做空盈利丰厚，则跟进止损单可以起到保护利润的作用。

止损非常必要，但是交易者也应该明白止损单的准确含义和正确用法。举一个例子，假设交易者在联合太平洋铁路公司（Union Pacific）上买入做多，进场点位是 105 美元，那么止损单设置在 103 美元。这样设置止损单就等于给经纪人说："只要这只股票的价格跌到了 103 美元，那就立即卖出我的股票。"

如果在经纪人还未来得及止损时，股价已经跌至了 102 美元，甚至 101 美元，则经纪人仍旧有权进行止损操作。因此，交易者在设置止损单的时候，应该考虑个股的成交量和流动性，应该允许止损单可以在止损价下方一定范围内执行。对于诸如某些钢铁股和部分工业股而言，由于成交量不足，因此止损单很难提前设置，因为不知道股票市场能够在什么价位上撮合特定数量的订单。

对于成交量不足的股票，不应该预先设定止损单。而对于那些交投还算正常，甚至活跃的股票，则应该设定止损单，交易者也应该根据特定的方法来设定具体的止损单。

成交量不足的股票市场如果挂出订单，则容易被故意触发。

第11章

截短亏损

永远在下单之前思考一下对手盘的理由，这样你就不会一叶障目，也不会冲动行事。站在对手的角度思考，这样你就能很好地判断自己的理由是否合乎逻辑。

——魏强斌

我在前面的章节当中已经讨论过不少股票交易的策略和诀窍。市场经验表明每个交易者都应该采用下列两种基本方式之一介入市场：第一种方式是投机加上快速止损；第二种方式是基于投资的方式进行交易。在本章当中，我将详细地陈述截短亏损的理由。

在股票市场中，任何交易者买入股票都有自己的理由。交易者或许听说股票价格即将上涨；或许认为股价价格低于其估值；又或许是股市整体处于牛市当中，该股将会同其他股票一样携手上涨；等等。诸如此类，还有其他各种类似的理由促使交易者买入股票。

显然，股票买家会在自己并不了解某只股票的情形下买入只可能是因为他听信了他人的建议。如果荐股者是一位真正的市场高手，那么从善如流自然是正确的。倘若有确切的信息告知某个大户或者大主力因为特定原因要拉升股价，则及时跟进自然是万全之策。

不过，计划赶不上变化，功亏一篑的事情一再上演，许多人都有过这样的糟糕经历，并从中总结出了相应的惨痛教

> 永远在下单之前思考一下对手盘的理由，这样你就不会一叶障目，也不会冲动行事。站在对手的角度思考，这样你就能很好地判断自己的理由是否合乎逻辑。

> 内幕消息确实能够赚钱，关键是你是第几个听到这一消息的人。

在金融市场交易多年后，我已经将其中一些原理运用到整个人生当中。至少为自己做的每一件重要事情设立一个止损保护。在什么样的情况下，我要停止目前的做法，或者目前的状态？这是我经常问自己的一个问题。

江恩早年设定止损点也在这个幅度，晚年写作《华尔街45年》的时候则改成了5个点。

训。交易高手们早已不抱任何幻想能够在市场中呼风唤雨，他们早已体会到了"站着说话不腰疼"的含义，说起来容易，做起来难。看准了未必能够最后赚到钱。因此，当交易者听到的消息基本上是确实无疑的，也未必能够盈利。**正由于市场中一切皆有不确定性，因此止损单能够起到真正的保护作用。**倘若买入后股价如预期一般上涨，则皆大欢喜。但是，股价如果下跌，则止损单会帮助你限制亏损扩大。**假如交易者只是听从别人的建议而买入股票，并未设置止损单，则最后容易遭受大幅的亏损。**

止损单一般设置在买入价格之下 2~3 个点。如果交易者是基于传言和建议买卖股票，则更需要设定止损了。在交易账户的盈亏记录当中，交易者往往不会在意因为止损损失的 200 美元，但却为会一次亏损 1500~2500 美元而伤心不已。过大的损失往往意味着交易者过于自信，而不愿意及时承认错误。

止损设置也存在难度，如果设置不当则容易在不必要的情况下时常触发。一个具体的止损如何设置，不存在机械的单一方法，但是可以根据具体的情况来设定具体的止损单。

我举一个具体的例子。如果从 5 年长度来看，目前股市仍旧处于牛市，同时因为反作用力联合太平洋铁路回调了 5 个点，某个交易者在这个时候买入。买入后，股价继续下跌 2 个点，这就意味着还有更大的下跌在后面，这个时候执行止损单就是理智的行为。1899 年 12 月该股就是这样的情况，止损单可以帮助交易者避免重大的损失。

停损离场后，如果股价又回升了 2 个点，形成买入信号，交易者再度进场后就应该将止损放置在买入价之下 3 个点。如果判断可靠，则股价会上涨，那么等到股价上涨后出现回落迹象时则应该提高 2 个点止损，并且继续保持关注。如果是买入某股的第一笔单子，则设定止损单是非常重要的。在投机是进行连续加码时，具体来讲就是股价每上涨 1 点就买入等额的股票时，止损单也是很有必要的。因为在止损单的

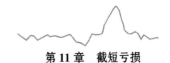

保护下，交易者可以避免浮动盈利变成亏损。**如果股价处于正常的回调中，那么止损单可以保住大部分盈利同时让交易者等待潜在的进一步上涨。**

如果在良好的时机和点位买入股票后，价格持续上涨，中间有小幅的回调，这种情况下的止损幅度可以更大一些，避免被小幅调整洗出去。

如果交易者因为无法准确估值而不敢投资某只股票的话，那么在停损单的保护下，他就可以放心地对其进行投资了。在止损单的保护下，交易者可以持有相对更多的头寸。对于那些希望迅速从股票市场上赚到暴利的激进投机客而言，他们希望在 4~5 笔较小亏损后获得一笔丰厚的盈利，那么止损单就有极大的价值。另外，对于小额资金交易者，比较谨慎的交易者以及不能盯盘的交易者而言，止损单也非常有用。

不过，**止损单也有其局限性，它适合于操作成交量大的活跃股，对于交投稀少的个股而言，止损单反而会带来巨大的亏损。**例如，如果交易者持有 100 股联合太平洋铁路的股票，同时将止损单设置在 75 美元，这就意味着当股价跌到 75 美元的时候，就必须离场。如果实际可供成交的价格在 74 美元或者 73 美元，则经纪人也要负责卖出。因此，对于那些买卖价差过大，成交稀少的个股而言，交易者不应该预设止损单。

> 对于趋势交易高手而言，止损和止盈其实是一个东西，那就是止损单。

> 不搞清楚前提，绝不采用某种方法。

过度交易蕴藏的危险

> 我给出的建议是将仓位占本金的比例降低到较低水平，这样就可以让交易者保持清醒，同时有充足的资本应对亏损和把握其他机会。
>
> ——萨缪尔·A.尼尔森（Samuel A. Nelson）

一个被频繁提及的问题是："如果本金是 100 美元，是否能够追涨买入，并利用止损单保护我的本金？"

在美国，许多人想利用 100 美元或者 200 美元作为炒股的起始资金。这些人中的大部分都相信如果 1000 美元可以作为交易 100 股的保证金，那么 100 美元应该可以交易 10 股。道理上初看起来是这么回事，但在实际操作中，两者的情况是截然不同的。因为市场撮合不同股数的能力存在差异，小资金承担风险的能力要弱于大资金，同时交易者也不可能保证始终能够在低点买入进而在高点卖出。任何分析和操作都可能存在失误，亏损是不可避免的。股票投机并不是一笔买卖，而是涉及一系列的交易，在这些交易中如果四成亏损、六成盈利，那么整体而言就是赚钱的。交易高手的历史经验表明，交易中的亏损一般占到总盈利的 50%~65%。

换言之，如果某个交易者在一段时间内累计盈利 1 万美元，那么很可能这段时间内的累计亏损额为 5000~6000 美元，那么累计净盈利就只有 4000~5000 美元了。在交易中，不确定性很强，盈亏经常会交替出现，当然也会出现一段时间内

本书写作的年代在 19 世纪末 20 世纪初，当时 100 美元比现在值钱多了。因此，当时利用 100 美元投机起家是可行的。

持续盈利或者亏损的情况。即便是那些曾经学习过股票交易同时拥有雄厚资金的投机者而言，最后得到的净利润也很少能够达到累计利润的50%。

对于一个投机客而言，特别是对菜鸟级的投机客而言，在没有累计足够的盈利之前，想要以10%的保证金应对几乎必然出现的股价调整走势，是否可行呢？如果这个投机客能够在非常恰当的时机和点位进行买卖，那么这么高的杠杆或许是可行的，但是未来可不像查看盘后分析那么容易。

倘若交易者只有100美元作为股票投机的起始资金，那么可以采用的策略我认为只有如下两种：第一种方法是将全部起始资金投入到价格显著低于其账面价值或者内在价值的股票，然后等待股价回升到价值水平附近。这种操作方法可以让交易者获得5%~10%的利润，这可能是最可靠的小资金盈利方法之一。

第二种方法是采用杠杆买入2~3只个股，并且在买入价下方2个点处设定止损单保护本金。经纪人一般不愿意为这样的小额投机提供服务，但是如果操作者的水平不错，能够盈利，那么经纪人也愿意提供服务。10个经纪人当中有1个会认为利用100美元进行股票投机是非常可笑的事情，但是如果只操作2只股票的话则还是可行的。**采用小额资金投机，并且设定止损，这就使得交易者不但敢于采用行动，还有充足的时间用来获取经验、挽回损失。**

我认为上面的逻辑也同样适用于以1000美元为本金、交易100股的交易者。即便经纪人履行好相应的职责，交易者仍旧可能出现过度交易的情况，资本当然也会相应地遭受重大的亏损。如果以10%保证金交易100股，那么2%的止损就会导致将近25%的亏损。如果交易者足够走远，接下来第二笔交易可能获得因为价格正向波动1%而获利，但是第三次交易又可能因为价格反向波动3%而亏损。这种情形下，交易者可能会信心全无，以至于匆忙离场，导致本金损失大半。

如果交易者以1000美元的本金交易上述股票10股，那

第一种方法没有利用杠杆；第二种方法利用了较高水平的杠杆。第一种方法类似于价值投资，第二种方法则是纯粹的趋势投机了。

对于初入投机行当的新手而言，一来就采用大资金其实是危险的：一是财务上的风险过高。毕竟作为新手，亏损是必然的，爆仓的可能性也很大，因此一旦投入相对个人资产过大比例的资金进入投机行当，则财务状况迅速恶化的可能性极高。二是信心上的风险。新手踏入投机行当时的信心是最大的，也是最脆弱的，一旦遭受重大挫折，很容易心灰意冷。所以，新手的信心需要呵护，在这个基础上才有淬炼的可能。

10%的保证金要求对应的是10倍杠杆，如果标的价格下跌1%，则客户自己的资金已经出现了10%的亏损。当然，算上买卖价差和佣金，则实际亏损超过10%。

么他承担浮动亏损的能力就提高了。这样他就能在价格回调时逢低买入或者加码买入看好的股票，盈利的可能性就增加了，因为他不会因为细小的波动而匆忙离场，市场的噪声被过滤掉了。

如果在任何情形下都坚持按照上述原则去交易股票，那么基本上每个人都可以从股票市场上获利。理论上讲，按照这些方法去操作是肯定能够带来利润的，因为这样做的风险很低，也能够维持交易者的理性思维能力。但是，一旦交易者的持仓暴露在眼前的高风险中时，它将变得不再冷静，从而采取违背上述原则和方法的操作。

如何避免这种情况出现呢？**我给出的建议是将仓位占本金的比例降低到较低水平，这样就可以让交易者保持清醒，同时有充足的资本应对亏损和把握其他机会。**较低的仓位可以让交易者果断冷静，而非犹豫不决。**如果头寸过重，风险暴露过大，那么交易者难免会急躁，强大的压力使得他们手足无措。**

不管你的本金有多大规模，长期来看，抱着每年盈利12%的目标实际上要比每周盈利 50%的目标带来更多的利润。这一道理似乎妇孺皆知，但即便是那些在实体经济中运营有方的精明商人，也会在股票投机上违背这一原则，不管他们此前经营的是商店还是工厂或者是房地产，他们在股市上变得更加贪婪和激进。因此，现实和道理是两回事。

如果恪守某些原则可以让每个人从股票市场上获利，那么为什么现实却并非如此呢？而是大相径庭呢？进一步来讲，什么妨碍了大众恪守这些有效的原则呢？

仓位本身决定了风险暴露的大小，同时还部分决定了交易者的心理状态。

第13章

交易的方法

逢低补仓和加码的操作是有前提的，那就是必须对内在价值和大盘趋势有准确的把握。

——萨缪尔·A.尼尔森（Samuel A. Nelson）

有一个撰写市场通讯的记者询问我："**如果远离华尔街，那么如何才能紧跟市场并从中赚钱呢？**"类似的问题经常被以各种形式提出来，这表明很多人对于成功交易的因素并不清楚。他们认为如果一个交易者身在华尔街，那么就能够很好地预判市场，事实绝非如此简单。实际上，投机经验越是丰富的人，越是明白一个道理，那就是股市波动的不确定性很高，不是离得近就能准确把握的。

当然，交易者能否身处华尔街交易场内是对交易有所影响，这点不可否认。身处华尔街的一项优势是可以盯着股价行情投机，在出现新变化后立即采取行动。当然，过快的反应能力也并非总是优点，在某些时候也会带来问题。

如果交易者不能够通过专门的通信线路及时跟进市场，那么交易者就应该避免对股价波动过度敏感。这类交易者更明智的做法是选择长线交易，具体来讲就是不应该追逐那些活跃的热门股，而是根据可靠的证据，如基于对指数大势、估值优势等强有力的研判进行交易。

要想按照这一思路进行长线交易，第一步需要搞明白这

夏天的时候，你可以选择在贝加尔湖畔做交易；冬天的时候，你可以选择在茵莱湖畔做交易。但是，这样的好事只会落到趋势交易者和价值投资者身上。

种投资性投机需要关注些什么关键驱动因素。我以铁路股为例可以起到举一反三的作用。大部分情况下，铁路板块的上市公司都会按时公布业绩报告，并宣布分红派息，至少每年会公布一次公司的财务和经营情况。**当然，对于交易者而言，公布的次数越多越好。**

对于这类股票，我们可以将上市公司维持和增加分红派息的能力作为分析研判的重要考量因素之一，这样就能够更加准确地估算出这只股票的内在价值。如果交易者预判该股未来一段时间的股息率能够维持当前水平之上，超过了资金成本，从投资的角度来看这样股票就值得关注和买入。那么，什么是较好的买入时机呢？**当股市出现整体下跌时，该股的价格大幅跌到了真实价值之下，那么买入的机会就出现了。**

我还是以联合太平洋铁路这只股票为例来说明。数月前，这只股票在 50~60 美元进行交易，股息率为 4%，有公开数据表明这家公司的净利润率超过了 8%。从一些数据来看，该股的股价明显低于其真实价值。此后的股价走势也间接证明了这一点，因为该股在这几个月的时间当中，上涨了 30% 多。当然，某些股票在估值上或许没有太显著的优势，但是也可以遵循上述策略进行投资。例如，3 个月前整个铁路板块的个股都具有一定的估值优势。

不过，现在估值修复得差不多了，因此很少有股票是上述情形了。**估值洼地被填平后，非职业交易者应该谨慎买入了，放慢速度，因为股市接下来可能出现下跌，这样具有估值优势的股票会再度出现。**如果这样的机会真的出现，非职业交易者应该量力而行地完全以自有资金买入铁路股。即便买入后股价下跌，也可以继续持有。如果跌幅很大，甚至可以逢低补仓，继续加码，摊平自己的成本价。当然，**逢低补仓和加码的操作是有前提的，那就是必须对内在价值和大盘趋势有准确的把握。**

按照上述方法持有股票后不需要为眼前的短暂波动所干扰，应该耐心持有到目标点位之后再考虑卖出。卖出后，交

利用市场情绪制造的非理性对手盘，巴菲特逢低买入长期跟踪的优质公司。

估值优势和劣势也是驱动市场的某种题材，媒体广为宣传的估值，也会改变市场的风险偏好，进而驱动市场走势。

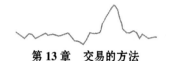

易者应该继续在接下来的几周甚至几个月内跟踪这只股票，一旦出现新的买入信号，则可以在恰当的点位再度买入。

通常而言，那些每日紧盯股市动向的非职业投机客不太可能真正地成功。相反，那些平时花时间分析上市公司的投资者，会在股市整体下跌后择机买入，然后耐心持有，最后及时离场，他们更容易赚钱。一言以蔽之，那些以投资手法进行操作的投机客更有可能在股市中盈利。

一个市场通讯的撰稿记者写道："是否存在让远离市场的非职业交易者获利的方法？"我认为存在两种能够盈利的交易方式，就算菜鸟和非内幕人士也能够按照这两种方法获利。第一种方法是将股票交易当作投资来做，具体来讲就是当股票的价格低于价值时就利用自有资金买入，等待股价回升超过价值时卖出，赚取这部分利润。

那么，股票的价值如何确定呢？股票的价值是由股息水平及稳定性、上市公司的经营业绩水平和趋势，以及前景决定的。虽然听起来十分复杂，但是计算起来难度并不大。

> 估值方面的书非常多，大家可以选择比较实用和易懂的来研习。估值与空间的直接关系较大，与商业竞争优势前景则根本相关。

例如，一年前我们基本上每天都可以见到价值被低估的股票，也就是价格显著低于价值的股票。这类股票之所以出现，是因为大多数上市企业过去一年的营收都显著增加了、但是固定成本却维持不变，这意味着盈利增加了、上市公司整体的价值增加了。同时，股价却持续下跌，这表明大多数上市公司的价值被低估了，这样的情况显然难以为继，股价早晚会回升。如果上市公司未来的净利润没有下跌走势，那么股价肯定会上涨。简言之，如果上市公司的业绩处于上涨趋势，而股价却在下跌，那么投机的机会就来了。

相反的情况也存在。有些时候股票的价格会显著高于上市公司的价值，1902年就出现了这种情况。尽管此前一年上市公司的营收有一定程度的增长，但是很多股票的价格却已经上涨了50%~100%，无论我们采用什么估值体系，许多热门股的价格已经远远超过其内在的真实价值了。

> 非理性源于情绪，情绪导致投资者要么高估，要么低估上市公司的真实价值。当价格大幅偏离价值时，价值投资者的机会就来了。浑水和香橼之类的专业做空机构，其实就是与巴菲特异曲同工的另外一种价值投资形式。

如果长期持有某只股票带来的投资收益只有3.5%，那就

意味着买得太贵了。当然，某些特殊原因会造成买价过高。从较长的时间视角来看，股价围绕一个正常的投资回报率波动，但是短期内却并非如此，交易者要能够区分这一点，同时重视不同时间维度上的股价波动规律存在差异。

通常而言，股价在长期总是围绕价值上下波动起伏的。因此，非职业投资者也能够通过研究公司的业绩进而准确地判断出股票的内在价值，并且据此进场买卖。通常来讲，这样的交易方法是比较安全的。

当然，绝大多数人想要从股市中赚钱并不是靠上述第一种方法，因为这种方法显得缓慢，他们想要通过投机来走近路。如果想要在投机上有所斩获，那就应该恪守一个客观的规律。其实，绝大部分成功的投机者基本上都是按照这一规律在操作的。同时，这一规律不仅得到了投机界大腕们的一致推崇，也获得了几乎全部投机实践高手的认可和推荐。

这个有关投机的客观规律就是"截短亏损，让利润奔跑。"听起来很容易，实践起来却困难重重。最大的阻碍之一是交易者在面对小幅亏损时往往不愿意离场，而是继续持有。尽管市场经验表明应该在达到某个水平的小额浮亏后及时离场，交易者仍旧很难执行。同时，如果买入股票并且放置了初始止损，那么就应该在盈利后不断加码买入，或许会加码3~4次。但是，事实却与此相反，因为投机客对于加码3~4次深感畏惧，他们要么不敢加码，要么在加码后价格出现回落却不愿意执行止损措施，最终导致巨大的亏损。

说到止损单，或许有人会问止损单应该是按照固定标准和参数设置，还是因地制宜呢？我个人的市场经验表明，止损单最好设置在进场点下方2个点的位置。如果买入者预期股价会持续上涨，但是买入后却遭受2个点的下跌，那么股价极可能进一步下跌，预期中的上涨要么不会到来，要么推迟了。

还是以联合太平洋铁路为例来说明。如果交易者根据估值、大盘以及其他信息数据，基于自己的市场经验认为应该

截短亏损难，因为人抱有侥幸心理，同时也不愿主动认错。让利润奔跑难，因为人不愿意放弃到手的利益。

在 107 美元买入，那么在他买入后该股却跌到了 105 美元，则理论上他应该马上止损离场，等待有利消息和盘面好转之后再择机买入。

长期的相关交易统计数据表明，即便只是简单恪守"截短亏损，让利润奔跑"这一条原则，也比大多数主观交易者的业绩好。当然，在某些情况下，良好的判断力也有助于止损单的设置。因为并不是任何情况下都适合 2 个点的止损幅度。在某些情况下，如果股价已经呈现出了企稳回升的迹象，那么交易者就应该稍微等待一下。另外，如果所持有的股票因为受到其他暴跌股票的拖累而下跌，并且暴跌已经临近尾声，这个时候也不必拘泥于止损单。只有在通常的市场条件下，当股价跌到了预定水平，才采用预设的止损单离场。

那么，如何判断兑现利润的时机呢？有两种策略可以解决兑现利润时机的问题。第一种策略是当大盘出现见顶滞涨迹象时兑现利润；第二种策略采用跟进止损，将止损单放置在最高价之下 3 点的地方，当股价回撤超过 3 个点时，兑现利润的时机就来到了。

市场经验表明，当股价因为主力驱动而上涨时，跌幅很少会超过 3 个点，如果出现跌幅超过 3 个点的情况，则意味着主力在洗盘，或者是交易者本身的判断出现了问题。至于究竟是哪种情况，则需要交易者自己加以分析和区别了。

趋势交易者如果运气好，碰上大盘处于牛市中，买入个股之后价格大幅高于买入价，那么就应该继续耐心持股，按照上述两种方法判断离场时机。在熊市中，交易者应该多翻空，在具体操作中应该恪守"截短亏损，让利润奔跑"的规律。

我不希望大家在读了本章之后就认为股市中有什么简单的赚钱秘诀。但是，股市历史表明：**买入显著低估的个股耐心持有的投资方法与遵从"截短亏损，让利润奔跑"的投机方法比大多数的主观臆断更加有效。**

不能盯盘的交易者

对于不能盯盘的交易者而言，如果他们想要跟进稳定上涨的股票，同时希望及时离场，那么跟进止损单是最佳的工具。

——萨缪尔·A.尼尔森（Samuel A. Nelson）

一个撰写市场通讯的记者询问我："如果一个交易者住在美国内陆，因条件受限，一天只能看到1~2次市场行情，他能够在股票市场上挣钱吗？"

这个问题反映了一个流传甚广的观点：离华尔街越近，则股票交易中占据的优势地位就越明显。某些交易确实存在这样的情况，如果能够在证交所拥有一个席位，那么就省去了经纪商的佣金，虽然不能完全保证获利，但是至少可以在操作账户上有某些优势。

从功利出发，任何人不管离华尔街有多近，交易100股如果需要支付高达25美元的佣金都会让他不堪重负。尽管个别交易者可以免除佣金，但是大部分个人交易者都不得不支付这些费用。具体来讲，如果盈利为5~10个点，而买入100股和卖出100股各需要支付12.5美元的价差，那么这笔成本就不是一个小数目。如果盈利1个点，那么成本就变得吓人。即如果盈利1个点，而要支付1/8的佣金，那么交易者就相当于将自己的收益都给了经纪商。

成本如此之高，使普通交易者必须尽全力去最大化收益。如果个股的潜在盈利空间达不到4~5个点，则交易者最好选择放弃这次操作，否则亏损就会很大。只交易那些潜在盈利空间达到5~10个点的机会，则远离华尔街的内陆城市交易者将具备一个优势，那就是不会受到小道消息的影响，同时也不会受到盘面变化导致的情绪波动的影响，后者恰恰是华尔街盯盘交易者失败的主要原因之一。

最近一个月，华尔街有许多持续看涨的投机客，虽然市场也确实如此，但是他们却很少赚钱，甚至根本没有赚钱。为什么会这样呢？因为市场的小幅波动和市场传言让他们时常恐慌和盲动。如果交易者远离华尔街，不用盯盘，也听不到传言，那么就可以避免这些问题。

当然，远离华尔街的交易者也有一个最大的劣势，那就是当市场骤变的时候，甚至当他还不知道情况时，市场已经发生了逆转，浮动盈利变成了浮动亏损，甚至亏损已经超出了原定的止损幅度。不过，上述这些情况并不会频繁发生。

在股市上，个股价格在某个方向上运行几个点后突然转向，而且转折点附近并没有显著的征兆，这种情况还是较少发生的。更为常见的情况是个股上涨 5 个点之后，股价会进入一个持续时间较长的窄幅整理区间。在这段高位震荡时期中，如果不能盯盘的交易者不再看涨这只股票，那么他有充足的时间可以从容离场。**对于不能盯盘的交易者而言，如果他们想要跟进稳定上涨的股票，同时希望及时离场，那么跟进止损单是最佳的工具。**

远离华尔街的交易者在进行股票交易的时候，务必保证所要买入股票的价格在价值之下，要首先确认这一点。唯有先确认了这一点，才不会在股价出现调整和下跌时，惊慌失措，改变既定的操作计划。当交易者确认股票的估值优势之后，应该尽量等到大盘正常回落之后再买入。

如果市场上大多数活跃股上涨了至少 10 个点，那么接下来这些活跃股可能出现的正常回调的幅度是 4 个点。这些个股正常回调结束后会出现一个较长的价格上涨周期，因此正常回调的尾声阶段就是买入的最佳时机。一旦交易者逢低买入，则耐心持股是关键。就算其他个股的价格出现上涨，而自己的股票纹丝不动，持股者也需要坚定地执行交易计划。即便天天都听到周围人从其他股票上赚了许多钱，也不能改变自己的交易计划。如果交易者坚定持有那些有估值优势的个股，那么当其他市场参与者觉察到该股的价格显著低于其

对于趋势投机客而言，最好按照收盘价进行操作。但是，仅仅如此仍旧不够，还需要分散交易标的，在降低风险的同时稳定收益。即便如此，仍旧不能避免比如次贷危机时的资产高度共振暴跌，因此场外资产管理也非常重要。投机客不能将大部分资产投入到投机标的上，投机是以小博大，而不是以大博更大。投资才是以大博更大。

价值并采取行动时，股价大幅上涨就会展开了。

很多交易者都有一种倾向：如果自己持有的股票在沉寂了一段时间后突然上涨，就会有一种想要迅速兑现利润的冲动，因为恐惧该股回落，再度进入沉寂状态，甚至下跌。但这却是最不该离场的时刻，即便要采取行动也是买入或者加码买入，只能如此。为什么要这样做呢？因为股价打破沉寂和均衡，意味着该股的估值优势已经被他人觉察到了。

当股价打破震荡，上涨了 2~3 个点时，最好在高点之下 2 个点的地方放置止损单，同时忽略消息面的干扰，等价格上涨到合理估值水平或者已经获利甚丰后再兑现利润离场。当然，如果期间出现意外暴跌，则持股过程就会被打断了。

无论交易者是否远离华尔街，无论交易者是否盯盘，他们都可以按照上述方法去操作。事实上，一些大户倾向于在远离股市的地方工作，如纽波特（Newport）和萨拉托加（Saratoga），以及其他远离华尔街的地方。他们这样做的目的是避免受到市场情绪的干扰，保持自己的理性和冷静，不被眼前的波动和消息所干扰。

总而言之，如果不能盯盘的交易者能够下功夫研究股票的内在价值和大盘的趋势，并且保持冷静和耐心，那么他们仍旧会从股市中获利。

股市中的做空要诀

净空头头寸非常巨大，以至于逼空上涨行情持续时间很久，股票拆借的溢价也会持续很长一段时间。

——萨缪尔·A.尼尔森（Samuel A. Nelson）

一位撰写市场评论的记者询问我："先生，你的理论主张股票交易者每 10 年当中大约有 5 年采取做空操作。但是，对于卖出不属于自己的资产我感到犹豫，你能向我解释一下为什么说做空是自然而然的操作吗?"我对这个问题的回答如下。

在过去 40 年的时间里，每个 10 年当中都有至少 5 年应该做空，这是事实，无可辩驳。但是，大众却并不喜欢做空。当然，逼空的情形会时不时地出现，并且导致做空者结局悲惨。只是逼空行情发生的次数极少，每 10 年才出现 1 次。

在商品期货市场上逼空行情出现得比较频繁一些。A 股市场上做空的难度更高。

对于做空需要遵循的原则，我已经多次论述，但是我这里还是要举一个例子来说明。交易者 X 指示经纪人 A 在 100 美元做空 100 股联合太平洋铁路的股票。经纪人 B 则在 100 美元买入这 100 股股票。也就是说，经纪人 A 和 B 构成形成了直接的对手盘。

但是，经纪人 A 手中并没有这 100 股，因此，他从经纪人 C 借了 100 股联合太平洋铁路，并且以 1 万美元作为保证金。经纪人 A 拿到这 100 股后卖给了经纪人 B。在这个过程中，股票从经纪人 A 那里到了经纪人 B 那里，经纪人 B 需要

A 股市场上，做空一般称为融券交易。

向经纪人 A 支付 1 万美元。

此后，联合太平洋铁路的股价下跌到了 95 美元，于是交易者 X 需要兑现做空利润离场，于是他指示经纪人 A 在 95 美元回补空头，也就是了结空头头寸。于是，经纪人 A 从经纪人 D 手中买入 100 股，还给了经纪人 C，并从经纪人 C 手中拿回 1 万美元的保证金。经纪人 A 从经纪人 D 手中以 95 美元买入 100 股，意味着前者还需要向后者支付 9500 美元。整个过程下来，交易者 X 获得了 500 美元的做空利润。

在交易者 X 观察市场动向期间，经纪人 C 可以使用从经纪人 A 处获得的 1 万美元保证金。通常情况下，A 需要为此向 C 支付利息，一般称为经纪人同业拆借利息，这个利息通常低于抵押贷款的利息水平。

这个同业拆解利率是做空者需要关注的一个指标，其高低从侧面反映了拆借股票进行做空需求的大小。这个利率越大，则意味着拆借股票进行做空的需求越大，因此只需要为拆借资金支付很少的利息。

如果拆借股票的需求进一步增加，则拆借利率会降到零，也就是经纪人 A 从经纪人 C 那里借入股票的需求很大，那么 C 就可以免费使用 A 提供的保证金了。如果拆借股票的需求继续增大，到了某种程度时，经纪人 C 不仅不用支付利息，还可以反过来从经纪人 A 处获得利息。在这种情况下，如果每天的拆借利息为 1/32，则意味着如果经纪人 C 拆借给 A 股票后获得 1 万美元，那么 C 反而每天可以获得 3.12 美元的利息收入。当然，这笔利息最终由交易者 X 来支付。

不是所有股票都可以通过拆借来做空的。一些投资股很难做空，因为这些股票被投资者所持有，经纪人很难从投资者手中拆借到股票。而那些活跃股则容易拆借，进而做空。

另外，许多经纪人通过较少的资金持有了大量的股票，因为他们采用了杠杆。例如，当经纪人以 100 美元的价格买入 100 股联合太平洋铁路时，其中可能只有 1000 美元是交易者的，也就是经纪人的客户所有。另外 1000 美元是经纪人提

融资交易，杠杆交易，配资交易。

供的，剩下的 8000 美元往往是银行提供的。因此，那些在市场上活跃的经纪人往往都是融资市场的大客户。

当经纪人为了买入股票而从银行融资时，他会先提供 20%的资金作为保证金，剩下的资金找银行借。除了找银行融资之外，经纪人也可以将手头的股票拆借出去以获得资金。因此，几乎所有的经纪人都愿意借出股票，特别是在借入股票需求很大、拆借利率较低时更是如此。在这种情况下，借出股票的经纪人不但不用支付利息，还能获得利息收入。

当经纪人拆借股票的意愿较高时，这对做空者而言是有利的，这样他们就能更容易地做空。事实上，上涨逼空发生的概率要略低于暴跌杀多的概率。

逼空上涨行情有时候是自然发生的，有时候则是人为操纵的。我们来谈下人为逼空的情况。当一些市场主力看见做空净头寸很高时，他们如果试图从中获利，就会说服股票持有者们在一两天之内不借出股票，同时催促那些借入股票的经纪人归还，这就使得想要回补的空头无法平仓。这个时候借入股票而支付的拆借利率会飙升到 1/4 一天，甚至更高。

在这种风声鹤唳的情况下，空头会恐慌性地试图了结头寸，这会进一步推升股价，使得多头可以在更高价位上离场。这样的逼空行情通常只会持续 2~3 天时间，直到多头离场。此后，股价会迅速下跌，跌到低于逼空开始时的价位。

有些时候，**净空头头寸非常巨大，以至于逼空上涨行情持续时间很久，股票拆借的溢价也会持续很长一段时间。**当然，越是如此，则此后多头离场后的跌幅越大。

如果借入股票需要支付的利息很高，同时需要支付很高的股息，那么做空的利润就会非常少，即便是股票大幅下跌，空头仍旧不能盈利。杰伊·古尔德（Jay Gould）在做空纽约中央地铁公司（New York Central）时就遭遇了这样的窘境，他持有长达四年的做空头寸，该股也大幅下跌，但是因为要支付很高的股息，因此利润被砍掉了一大块。

交易者做空之前首先要考虑的是该股是否有估值劣势，也就是价格是否显著高于价值，并且还要看股价是否有下跌迹象。交易者应该选择活跃股做空，最好是大盘股。如果这家上市公司历史悠久、持股分散，加上股息微薄，甚至不派发股息红利，则做空的优势更加明显。

当交易者找到上述这类股票之后，只要大盘配合，那么可以在股价上涨时择机做空，则股价自然回调 4~5 个点时择机买入。当然，如果大盘趋势明显颓势，那么在买入时只能轻仓，一旦股价上涨超过正常幅度，则应该考虑做空。

总之，能够在股市获得巨大利润的交易者，都是那些在顶点附近做空，在底部附近做空，并且追随趋势持股数月甚至数年的人。

第16章

熊市的投机之道

随着时间拉长，股票的价格会逐步体现其价值。

——萨缪尔·A.尼尔森（Samuel A. Nelson）

一个被经常问起的问题是当看空股市时，是认为所有的股票都会下跌，还是其中一些股票下跌。我认为，可以从两个角度来回答这一问题：第一是投机性活动的角度；第二个是市值效应的角度。从第一个角度来讲，当股市下跌时，特别是暴跌或者持续下跌时，没有股票能够独善其身，多少都会牵连其中，虽然下跌的程度存在差别，但基本会参与到下跌浪潮中，这是股市投机性的一面。从第二个角度来讲，当股市处于恐慌暴跌阶段时，市值大的股票比市值小的股票下跌幅度更大。

本书给出的一些结论来自美国股市监管严厉之前的野蛮生长时期，因此需要注意其结论的前提和可能的局限性。

为什么会这样呢？当交易者同时持有大市值的绩优股与小市值的垃圾股时，往往绩优股处于盈利中，而垃圾股处于亏损中，当被要求追加保证金或者平仓时，交易者习惯于先平掉那些赚钱的个股，而继续持有那些亏损的个股。同时，由于大市值个股通常占用更多的保证金，而且流通性更高，更加容易卖出，在被要求追加保证金时，这类个股更容易遭受抛售。这类个股在暴跌时反而缺乏足够的投资资金介入，只有少数人干预抄底买入。

1901 年 5 月 9 日，股市出现恐慌性暴跌，特拉华—哈德

逊公司（Delaware & Hudson）的股票就出现了上述表现。当时该股在 30 分钟之内从 160 美元暴跌到了 105 美元，几乎是当日跌幅最大的个股。

通常而言，在股市整体下跌的背景下，个股自身的价值并不能抵抗整体的趋势，所以交易者此时思考的重点就不能放在个股价值上。因为此时无论是蓝筹股还是垃圾股都会出现暴跌。不过，质地不同的两类股票还是有显著的差别。差别之一是继续下跌一天或者一周后如果企稳回升，那么绩优股往往比垃圾股的回升幅度更大，持续性也更强。例如，上述特拉华—哈德逊公司的股票在触及 105 美元后的引发交易者买入热潮，一个小时之后股价回升到了 150 美元。

随着时间拉长，股票的价格会逐步体现其价值。虽然在某个特定时刻，某只高价值股票可能与某只低价值股票的价格相同，但是经过半年之后，高价值股的股价也许就会比低价值股的股价高出 10 个点，这一过程就是价值体现的过程。虽然这两只股票可能都随着大盘起伏，但是高价值股在每波上涨时的幅度更大，而在每波下跌是的幅度更小，经过 5~6 次这样波动后，高价值股的股价就更高了。

我在上面直观地给出了下一波熊市降临时，整个股票市场的表现将会如何。虽然在熊市中的某个特定阶段，优质股和垃圾股不分上下，但是经过一段时间之后，优质股的优势将逐步显现出来。

但是，当股票的内在价值出现显著提升时，即便大盘处于熊市，该股的价格也会上涨。以曼哈顿公司（Manhattan）为例来说明，从 1881 年到 1885 年大盘处于熊市，该股也经历了多轮涨跌，但是该股还是从 30 美元上涨到了体现其内在价值的水平。简言之，这家上市公司在这段时期内的业绩持续增加，推动了股价的显著上涨。

市场经验告诉我们，只有当交易者清楚某只股票的价值，或者洞察到某只股票的价值出现了变化，那么才适合交易这只股票。交易者至少应该清楚在某段时间内哪些股票的价值被市场高估，哪些股票的价值被市场低估。如果大盘的趋势向下，那么交易者应该在反弹时，卖出估值过高的股票，并且在下跌趋势接近尾声时买入那些被低估的股票，并且在取得合理收益后卖出。

当交易者看不懂市场时，一种明智的做法是卖出那些被显著高估的股票，买入那些被显著低估的股票，形成一个对冲组合，直到股市趋势明显。以前的交易者习惯于在对冲时，做多西北公司（Northwest）同时做空圣保罗公司（St. Paul），当时的绩效基本不错。

过去的一年当中，也就是从 1901~1902 年，许多交易者在做多曼哈顿公司的同时，做空大都会（Metropolitan）或者布鲁克林公司（Brooklyn）。交易者这样操作的主要思

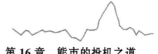

路还是通过对冲赚取两者的价差。具体来讲，当交易开始时两只股票的价差是 10 美元，那么当价差跌到 15 美元时，就有 5 美元的利润，这个时候可以视情况全部平仓。

这其中有套利的思想，一般也称为 Pair Trading。

当然，上述策略只是股票交易中的一部分。我们要牢记一点：股价处于持续的波动之中，而这种波动从长期来看是围绕内在价值展开的。

第17章

委托账户

> 大多数时候，那些想要运作个股走势的主力对大盘走势最心存敬畏，因为他们清楚人类预测能力的局限性。

> ——萨缪尔·A.尼尔森 （Samuel A. Nelson）

一位撰写市场通讯的记者写道："有个人给我写信，说我可以委托他操作股票，他保证能够给我带来丰厚的利润，并宣称他的历史业绩惊人。将自己的股票账户委托给一个业内人士，确实可能会比自己操作更好，但是这个写信的人真的可靠吗，这样的安排是安全的吗？"

我本人也经常收到这样的代客理财信件，也曾经多次回答遭受类似困扰读者的问题，但还是难以简单明了地让大家搞清楚真相。想要赚钱的外行们总是认为华尔街的人士更懂股市，因此委托账户的唯一问题在于这些人是否诚实可靠。

但问题并不是这些专业人士的人品，而是他们的能力。事实上，华尔街的专业人士，甚至那些掌握了大宗交易内幕的专业人士，往往都没有掌握市场变化的客观规律。他们越是懂得股市的真相，也就越发敬畏市场，越发谨慎。**大多数时候，那些想要运作个股走势的主力对大盘走势最心存敬畏，因为他们清楚人类预测能力的局限性。**

我们在进行股票交易或者是挑选代理人时需要恪守一条基本的原则：那些号称掌握了股市未来走势的人远没有那些

先假设自己的预判会出现错误，再进行预测，并制定备案和保护措施。

基于概率判断未来走势可能的人靠得住。而那些宣称自己代客操作只赚不赔的人则是骗子无疑。因为等到某些时候他就会改口，宣称自己并不能持续地肯定盈利。再者，如果他从不亏损，那么他肯定会利用自己的资金进行交易，而不是赚取相比之下很少的 1/8 委托提成。

证交所的监管当局禁止机构内成员公开宣称自己可以进行委托账户的操作。另外，在行业内，任何一个证交所的成员如果尝试代客操作，那么就会失去大家的尊重，危及行业声誉，大家就会认为要么这个人不正直，要么脑袋有问题。

并不是专业人士永远不应该接受委托操作，有时候真正的专业人士也会接受，但是却不太情愿，接受委托的数量也非常有限。只有那些值得信任、熟悉股票投机、以平常心看待盈亏的客户才容易被接受。这些慎重的职业人士，将接受委托看作是对私人情谊的重大考验，并不是他们不愿意自己的朋友赚钱，而是因为他们内心深处明白一点：**接受委托账户往往意味着失去金钱的同时也失去了友谊。**

因此，当一些既没有资金又缺乏业界声誉的人在周末报纸上宣称自己可以为客户操作股票账户，而且只收取 1/8 的佣金，同时保证年收益率在 25%~250%时，经纪公司能够为客户做的也仅仅是提醒一下委托账户的风险而已。让华尔街资深职业交易者感到震惊的情况是很多人居然会轻易地相信上述宣传，将自己的钱转到委托账户中，很快便发现上当受骗了，当他们到办公场所寻找此前信誓旦旦的代理人时，早已人去楼空。

有一个利用委托账户在过去一两年间进行诈骗的人在法庭上供出了一系列令人瞠目结舌的真相。这个臭名昭著的人是一家委托账户机构的负责人，这家诈骗机构通过邮件招揽客户，他说只要美国政府不理睬这些邮件，那么将受骗者的资金转移到自己的账户就是这个世界上最好的行当，最快的致富之路。在法庭上出示的一系列证据表明，这些宣称能够在股票投机上稳赚不赔的骗子已经收到了上千封委托信，以

借钱给亲戚朋友就要当这笔钱没了，否则你就容易同时失去感情和金钱。接受亲戚朋友的委托也是同样的情形，你很可能同时失去感情和金钱。

2015 年前后大量的理财公司如雨后春笋般成立，主要目标就是老年人，后来的情况如同本段所说。

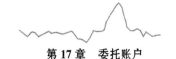

及大量的汇款，但是没有一分钱真的投入到了股票上。这些骗子并不是任何一家正规股票交易所的会员，除了接收和保管资金，这些骗子与交易所没有任何业务往来。他们通常会将一小部分资金作为利润返还给委托者，让他们信以为真，从而愿意追加投入或者招徕更多待宰的羔羊。

这些骗子常用的诈骗手段是：如果某人汇来了 10 美元，那么骗子不久之后就会通知这个人说已经赚到了 10 美元的利润，再过一段时间利润会上涨到 15 美元，同时建议这个人追加 100 美元的"投资"，以便快速抓住新的重大机会。如果这个人真的相信这些说辞，追加了 100 美元，那么骗子就会故技重施，告诉对方追加的 100 美元又赚了不少，可以投入更多的资金。部分要求拿到盈利收益的人有时候也会拿到钱，但这不过是一场更大的骗局而已，目的是引诱其他人加入。

尽管骗局伎俩层出不穷，但基本上会以相同的方式收场，那就是以出人意料的大亏损收尾。更为高明的骗子甚至会让客户觉得因为巨大的亏损最终倒欠了钱，然后骗子再假装仁慈宣称抹去这笔债务，这样就可以堂而皇之地将客户的钱放进自己的口袋里面。

尽管恰当的投机是一条通向财富的捷径，但是委托给那些保证稳赚不赔的人进行投机则是通向必然亏损的捷径。因此，当某人公开寻求委托账户进行操作的话，仅此一点理由就应该断然拒绝，这就是关于委托账户最需要明白的一点真相。

第18章

经纪人强行平仓导致损失的法律责任划分

当客户采取拖延策略时，毫无疑问应该由客户承担由此造成的亏损，因为经纪人只是在履行责任，当保证金不足时强行平仓，以避免更大的亏损。

——萨缪尔·A.尼尔森（Samuel A. Nelson）

最近我收到大量的问题咨询，下面是其中一个："我在1901年5月9日做多买入了股票，然后卖出。但是，现在经纪要求我支付保证金不足造成的损失，对此我应该承担法律责任吗？"

上述问题目前在法律上还未有清楚的责任划分和规定。尽管现在已经有了许多类似案件的法庭判决，但是案件并不完全一致，因此庭审结果都不完全相同，很难成为此后类似案例判决的依据。法庭的判决原则是考虑先前的惯例，但是这些惯例还未形成明确的框架，并且会影响到未来相关法律的制定。

英法法系是判例法，这点与大陆法系有区别。

这些案例大体上分为两种情况：第一种情况是经纪人先行通知了客户其保证金即将不足然后再平仓；第二种情况则是经纪人没有先行通知客户就强平了。如果客户杠杆交易，也就是采用保证金交易，那么对于双方而言更为合理的处理办法应该是：如果客户买入股票后，股价下跌，保证金下降，经纪人需要先行通知客户追加保证金，如果没有在合理的限定期限内收到客户的答复，则经纪人无须征得客户的同意就

可以平仓卖出。在第一类的案子中，法庭认为经纪人已经先行通知，客户应该及时回复以维护自己的权益，而是不通过拖延来敷衍，从而让经纪人的等待超过合理期限。

这类案件当中有时候会出现这样的情况，那就是客户认为准备过多的保证金和预先决定什么价格卖出股票是愚不可及的做法。但事实上，当价格出现大幅下跌时，就算浮动亏损出现也应该及时卖出，而不是捂着股票等待市场反弹。当客户采取拖延策略时，毫无疑问应该由客户承担由此造成的亏损，因为经纪人只是在履行责任，当保证金不足时强行平仓，以避免更大的亏损。

不过这又牵涉进来另外一个问题，那就是经纪人是否有责任通知客户追加保证金？在收到追加的保证金时是否有责任维持客户的头寸？以及是否有责任寻求其他方式来保证客户的利益？

另外经纪人还面临系列问题，例如：当股市暴跌时，经纪人如何处理账户中的保证金，是建议客户追加保证金，还是建议客户平仓？在没有接到客户交易指令的情况下，经纪人是将客户的股票直接卖出，还是努力维持客户的头寸渡过难关？如果经纪人能够想办法帮助客户渡过难关，那么即便最终出现亏损，客户也不会有什么怨言。

法庭在裁决上述案件时，倾向于经纪人要对自己的做法负责。这些判决结构形成了一点共识：经纪人需要承担起两个责任：第一，经纪人从客户那里收取了佣金，那么就要履行其交易指令；第二，经纪人向客户提供融资，类似于银行向客户提供抵押贷款，经纪人从客户那里收取了类似于抵押物的保证金，同时直接持有股票，这些都是维护经纪人自身权益的保障。但是，证券经纪人与银行的权利义务却有些差异。

如果没有特别的条款规定，银行通常是无权在没有先行通知抵押贷款人的前提下出售抵押物的。这一行业惯例使银行和其他金融机构在发放所有抵押贷款时都会与客户签订相关的正式协议，以获得处理抵押物的必要授权。具体来讲，

杠杆交易者提供的保证金就类似于抵押物。

如果贷款的风险增加，或者抵押物价值下降，那么银行就会要求贷款者补充抵押物，如果贷款者没有及时增加抵押物，则银行有权根据法律协议出售抵押物。

一些证券经纪公司也会与客户签订类似银行抵押贷款协议的合同，以便从法律上保护自己。客户在证券经纪公司开立账户时，需要签订正式协议，授权经纪公司在自己保证金余额不足的时候有权强行平仓。

上述通过法律协议先行厘清责任的做法无疑是明智的，因为它厘清了双方权利和义务的界限。不过，这类协议具有弹性。原因是在激烈的商业竞争中，经纪人不想因为过多的条款吓跑潜在的客户。虽然这样，但是下面要讲到的"5月9日事件"还是促使经纪人和客户签订更加明确和细化的法律协议。

所谓的"5月9日事件"是指5月9日股市突然暴跌，以至于经纪人根本没有充足的时间去通知客户追加保证金，更不可能等到客户的回复。因为当时许多股票在短短5分钟内就下跌了10个点，这样使得10个点的保证金要求起不到任何缓冲作用。当天，许多大型证券经纪公司在11点到11点半之间发现自己的客户损失了大量的保证金。虽然，此后的快速反弹拯救了大量的保证金交易客户和证券公司，但是仍旧危及了整个证券市场的稳定。这波振幅巨大的行情使得保证金变动巨大，类似于抵押物的价值在短时间内巨大变化，使得债权人即使想要出售抵押物，也完全没有充足的时间来实施。

尽管市场此后快速回升，仍旧有大量的恐慌性抛售出现，从而导致了大量的重大损失案例出现。同时，这些案例引发了巨大的争议，究竟谁该承担这些损失，法庭的裁决只能遵循一案一议的原则。

5月9日是非常特殊的一个交易日，法律判决需要考虑到这一天的特殊性。同时证交所也不可能专门针对这种小概率事件制定常规措施。但是作为经纪公司和交易者，不得不对类似于5月9日的情况做好准备，需要清楚地认识到可以采取的措施。

面对"黑天鹅"事件，很难确定可以及时采用什么有效措施。实际上，对于"5月9日事件"，许多案件的经纪人和客户都试图公平地分担损失，一些熟悉此类案件的法官也采取类似的判决来解决纷争。

第19章

经济和金融危机的周期性

固定资产的大规模投资伴随着信贷放水，埋下了危机的种子，接着信贷出现紧缩，使得经济和金融出现了崩盘，商业萧条和股市恐慌随之而来。

——萨缪尔·A.尼尔森（Samuel A. Nelson）

有人来信询问："经济危机和股市恐慌的发生是否具有周期性呢？"

经济危机和股市恐慌确实具有这样的特性，因为商业和经济的运行有从一个极端演化到另一个极端的特征。经济的参与者们总是倾向于在通缩的时候收缩业务活动，在通胀的时候扩张业务活动。大众对经济和股市的信心存在5~6年的周期，其间从绝望演变到亢奋，然后再从亢奋演变到绝望。

杰文斯（Jevons）教授曾经全面而深入地阐述了英国经济的十年周期，以此为基础提出了太阳黑子为核心的经济周期理论。在本书中，我不准备展开论述太阳黑子对农业和商业，以及人类心理状态的具体影响。我只是认可杰文斯教授提出的观点：过去200年的英国经济萧条具有周期性。

杰文斯教授列举除了英国发生经济危机和萧条的年份：1701年、1711年、1712年、1731~1732年、1742年、1752年、1763年、1772~1773年、1783年、1793年、1804~1805年、1815年、1825年、1836年、1847年、1857年、1866年、1878年。这些年份出现了经济危机和萧条，这是对十年

经济周期存在许多驱动力，如厄尔尼诺现象、产能变化以及存货变化等。房地产和人口，以及技术创新则是驱动经济周期的重大因素。

周期理论的最好证明，英国在 19 世纪的经济史也充分证明了这一周期理论的有效性。

在美国，1814 年爆发了本土第一次经济危机，造成这一危机的直接原因是 8 月 24 日英国军队占领华盛顿。在此后一段时间内，危机蔓延开来，并且日益严重，以至于费城和纽约的银行都停止了取款业务。这轮危机发生之前经济已经出现遭遇不少负面冲击。例如，1808 年颁布了贸易禁运法导致国外贸易额大幅下降，同时公共财政因为收不抵支出现赤字，而众多地方银行蚕食了美国银行的市场份额，而这些地方银行的资金来源并不宽裕，在缺乏保证金的情况下滥发纸币。

货币滥发造成了泡沫，而货币紧缩加大了危机。

1819 年，银行发行的货币量大幅紧缩导致危机来袭。在这次危机发生之前，银行大规模发行货币导致投机行为盛行，随之而来的信贷紧缩却导致商品和地产价格暴跌。投机资金的恐慌加剧了危机的发生和蔓延。

1825 年，欧洲出现经济危机，进而影响了对美国商品的需求，由此导致美国在 1826 年出现通货和信贷双重紧缩。不过，情况并不是很严重，破坏程度并不大，经济更像是在瘦身，而不是危机。

1837 年，美国再度出现严重的经济危机，导致这一危机的原因很多。危机前，工商业蓬勃发展，新企业大量建立，但是农作物却供不应求，导致粮食需要进口。另外，政府不愿意为美国银行（United States Bank）的经营许可延期，导致整个银行业出现巨变，大众将大量资金从美国银行取出转移到州立银行，而这为非理性的投机行为提供了充足的资金弹药。

1847 年的欧洲经济危机对美国的影响并不显著，当然美国在信贷上也遭受了一些冲击。墨西哥战争冲击到了商业和企业，不过由于美国粮食大量出口粮食以及 1848~1849 年大量黄金进入流抵消了上述不利冲击，因此美国经济仍旧坚挺。

1857 年 8 月俄亥俄人寿保险和信托公司（Ohio Life Insurance & Trust Company）的破产引发了美国历史上最严重的一次经济危机。通货紧缩此前已经持续数月，但此时铁路建

设等大型工程已经展开，而且银行信贷规模并不大，因此这次危机的爆发出人意料。这一段时期的显著特征之一是许多银行在 10 月停止取款业务，宣布破产。

欧仁德—古尔尼财务公司（Overend，Guerney & Co.）的破产引发了 1866 年伦敦危机，证交所的股票集体下挫。到了 4 月，南部密歇根公司（Michigan Southern）的股价因为主力控盘进而逼空而疯狂，投机行为蔓延开来，经济形势变得异常复杂。

1873 年 9 月出现的危机既是经济危机，也是金融危机，因为股市也遭受了重挫。**固定资产的大规模投资伴随着信贷放水，埋下了危机的种子，接着信贷出现紧缩，使得经济和金融出现了崩盘，商业萧条和股市恐慌随之而来。**

1884 年股市出现了恐慌性暴跌，但是并未出现经济危机。海运银行（Marine Bank）、大都会银行（Metropolitan Bank）和格兰特—沃德财务公司（Grant & Ward）的破产是由长达一年通货紧缩和信贷紧缩引发的。

多种因素叠加造成了 1893 年的经济危机，具体包括如下因素：信贷不稳定、国际资本流出、提高关税的担忧等。其中，**最为主要的因素是对维持金本位的担忧，因为这一本位制度的变化将深远地影响经济运行的方方面面。**

从过去 6 年甚至更长的历史来看，未来数年我们至少经历一次股市危机的假设并非空穴来风。未来十年更可能面临小规模的经济危机，就像 1884 年一般，而并非像 1837 年、1873 年和 1893 年一样。

正确看待股评

投机者甚至可以通过研究股评者和记者的评论来掌握他们的特点，并据此得出更加独立而客观的结论。

——萨缪尔·A.尼尔森（Samuel A. Nelson）

大众经常误读股市与报纸等媒体的关系。由于大众参与投机的兴趣增加，进而使大众对报纸的需求增加，而报纸则很好地满足了这种需求。过去40年，大众认为只要了解开盘价和最高价，以及最低价就足矣。但是，这种较为初级的方法数年前就被日内走势图所代替了。这种走势涵盖了当日的每笔交易，刊登在下午的报章上，收盘后不到20分钟就可以在市面上买到。纽约的《太阳报》（The Sun）和《夕阳报》（The Evening Sun）的拥有者对这方面的进步发挥了巨大的贡献。他们很早就意识到如果能够以最低的价格销售这份报纸，那么全国的人都可以看到，商业和社会意义都十分重大。这些报纸提供的信息非常准确，以至于法院也认为这些信息与交易所提供的信息具有同等地位。

当前，几乎所有的财经报纸都会在华尔街派驻至少一名工作人员。华尔街自己也成立了两家业界声誉很高的媒体公司，出版数份日报和周报。

这些报纸上的股评侧重于作者阐发自己的观点，同时兼顾报纸的立场。例如，有些报纸的股评是关于信贷市场的学术性文章，只是兼顾股市而已，对于影响股市的新因素略加评论和阐释。另外一些报纸则采用平衡的方法，在进行经济预测的同时也提供一些读者感兴趣的东西，如个股的涨跌因素等。

大部分评论者在做出股市预测的时候都倾向于乐观，当然也不乏个别悲观谨慎者。这些评论者是否诚实可靠，则是道德因素和时代因素共同决定的。

诚实可靠的股评者通常会避免做出武断的预测。不过，大部分股评者都倾向于将影响市场的诸多因素中得出利多的结论。他们倾向于看涨股票，以便吸引大家买入。这样的做法对股评者有利，同时也受到持股者的欢迎。

大家都喜欢听好话，但忠言逆耳。

虽然，股评整体的正面作用不大，但在某些时候少数评论者还是可以预见到即将发生的金融危机。当然，部分评论者可能被眼前和局部的疯狂投机行为所迷惑，从而偏激地认为股市中存在太多的风险，以至于不能辩证地看待股市的波动，也不能看轻大势，纠结于批判中。还有部分评论者参与了股市投机，因此故意炮制一些文章便于自己和利益相关者进出个股，拉升股价。

我们应该重视那些理性而辩证的股评，如果评论偏激，信息来源不可靠，情绪化太强，逻辑混乱，蛊惑煽动，就应该忽略和屏蔽掉这样的评论。相反，理性而准确的股评则值得重视。

主力要运作一只股票，需要考虑大盘，同时需要题材的配合，或者与题材配合，这个题材往往掌握在媒体手中。

如何识别哪些故意炮制，具有误导性和欺骗性的股评呢？如果其中所谓的事实无法证实，缺乏根据，逻辑漏洞明显，甚至还有故意误导的陈述，则表明这篇股评不可靠。

主力收买串通股评人士的采用方法是向其提供一些预先炮制好的消息和新闻，然后给予股评人士一定数量的"看涨期权"。如果主力想要拉升某只股票，那么他会尽力与媒体记者串通。大多数记者会为了钱而出卖自己的专栏以及报社的利益，为这些合法或者非法的串谋服务，从中获取报酬。

这类串谋通常会以两种方式展开：第一种方式是股票操纵者，也就是庄家会以一定的价格向股评人士或者媒体记者提供看涨期权。这一价位通常高于当时的市价。股评者或者记者需要配合庄家对股票进行报道，协助庄家拉升、洗盘和抛售。看涨期权意味着股评者或者记者可以按照特定价格获得一定数量的股票。如果股票价格下跌，则看涨期权就难以兑现盈利；如果股票价格上涨，则看涨期权就可以兑现盈利，从而获得期权标价与股票卖出价之间的差额利润。

第二种方式是庄家会先寻找一位媒体记者领导众多记者或者股评者，同时让这位记者全面负责看涨期权的兑现和股票报道的安排。这位领导者有权基于自己的判断来进行股票报道和期权兑现，如果中间出现纰漏，无论是在报道上，还是在期权兑现上，都会功亏一篑。

坦白来讲，随着监管完善，上述串谋很容易被揭发。整体而言，报纸对舆论权利和大众利益的保护超乎一般人的认知。华尔街上的大部分记者和股评者还是诚实的，甚至愿意为了捍卫事实而放弃"赚钱的机会"。

股评者和记者需要为当日的股市波动寻找合理的原因。股市的整体波动可能整齐划一——要么一起上涨，要么一起下跌；也可能会杂乱无章——一些股票上涨，而另外一些股票下跌，还有一些股票处于横盘整理状态。股评者必须找出背后的主要驱动因素。在某些情形下，驱动因素众所周知；而在另外一些情形下，驱动因素闻所未闻，甚至一些表象被当成了原因，以至于真相被掩藏起来了。**投机者甚至可以通过研究股评者和记者的评论来掌握他们的特点，并据此得出更加独立而客观的结论。**

一些资深的投机者时常抱怨说 90% 的报纸总是持有看涨股市的观点。事实上，大多数报纸总是愿意发表乐观看涨的言论。为什么会这样呢？下面的这则案例或许能够解答一二。

一位财经媒体机构的评论员看跌股市，认为股指会出现下跌，建议大家做空。他坚持这一结论，并且耐心地向读者解释看跌股市和做空股票的原因，逻辑严密，结论朴实，给人诚实可靠的感觉。此后，股市真的像他预判的那样下跌了，但是订阅其评论的读者却越来越少了，当他意识到这一点的时候，开始寻找症结所在。某家大券商告知他，将不再订阅他的市场评论，于是他找到这家大券商的业务总监询问理由。业务总监坦诚相告："你对股市的观点过于消极悲观，而我们的客户基本上都希望股票上涨。在我司的各个办公场所都可以查阅你的市场评论，但是这些消极悲观的论调与客户的胃

媒体的声誉度是其生命线，如果失去了声誉度，则一个媒体就失去了存在的前提。

一方面，"屁股决定脑袋"。每个人都有自己的立场，造成立场首要原因有两个：第一个是其利益，记者和媒体或许已经投入到某个庄家的怀抱，又或者本身是老鼠仓的拥有者，通过黑嘴驱使众多不明真相的散户为自己"抬轿子"；第二个是其分析和研判能力，就算此君职业道德高尚，但是职业素养欠佳，也同样会误导你。另一方面，则是"兼听则明，偏信则暗"，一个人在所有时候说谎，也可以对所有人说谎，但却很难在所有时候对所有人说谎，因此通过持续分析和横向对比某位记者或者股评者，我们可以更客观地看待其立场和能力，以及他给出的各种结论。

口完全不合，这让他们很不高兴……"

"难道我对股市的看法不对吗？"

"我也没有办法，总不能指责我们的客户吧，也不能对客户的抱怨充耳不闻吧。如果继续写这类悲观的市场评论，你的前程堪忧。"业务总监进一步告诫这位评论员。

上述这个案例表明股民们不在于观点本身是否正确，而更在于这些观点是否迎合了自己的需要。持股的股民众多时，他们倾向于支持那些看涨的评论，而不是购买那些观点正确但是消极悲观的评论。

另外，在大众眼中，评论者是否牵涉到股票交易中，也对它们的评论客观性有影响。大多数评论者都参与到了股票交易中，只有少数评论者与实际交易毫无瓜葛。大众认为后者比前者更值得信赖，就像不参与交易的证券经纪人比参与交易的证券经纪人更值得信赖一样。

股评者在某种程度上都会对股市做出预判。通常而言，越是经验丰富的股评者对市场的走向越是谨慎，甚至会显得悲观。另外，经常阅读股评的投机客会发现，股评倾向于"两面下注"，往往会从涨跌两个角度来阐述，要么上涨，要么下跌。这类预测看似周全，但却让读者难以对其研判的准确性进行评判。

在华尔街有两家十分活跃的报纸，它们每天刊发大量的消息和数据，以及市场评论，还有一些小道消息。交易者们经常发现这些内容的观点矛盾，因为交易者更希望阅读那些观点一致而明确的报道。职业交易者都明白一点，**股市需要新闻的驱动，如果没有新闻的驱动，那么股市和股民就是无头苍蝇**。正因如此，市场和大众对财经新闻存在极大的需求，由此也使财经媒体竭尽全力来满足，甚至迎合这类需要，力求提供看起来更加可靠而准确的报道和评论。当然，媒体规避责任也会在分析股市时强调：嘉宾观点，不代表本媒体意见，若有不实之处，与本媒体无关。

初入股市投机的新手需要明辨媒体的不同观点。通常而言，财经媒体总是希望将各种传言和小道消息都搜罗刊登出来，以飨读者。之所以这样，是因为市场上各种消息来源的可靠性和影响力是不同的，影响的维度也是不同的。例如，一位业界地位顶尖的银行行长所做出的评论就比一位有些知名度的银行家所做出的评论更有参考价值。同样，一位铁路监管者对铁路行业的评论就比一位铁路行业的普通投机客的评论更有影响力。

总而言之，如果你想要获得关于铜业、钢铁业以及其他行业的有价值评论，则你必须对评论者的背景、声誉和职业素养，以及其提供数据的可靠性进行审查。另外，大多数的农作物相关的报道都声名狼藉。毕竟，大多数的评论都有夸夸其谈的嫌疑，

并非审慎的结论。

整体而言，新闻机构的表现要比个人评论者的表现更好，而美国华尔街新闻媒体要比英国伦巴底街（Lombard Street）的新闻媒体表现得更好。如果投机客想要从股评中获得更多有价值的信息，则必须对这类文章的立场和背景，以及行文特征有持续而深入的了解。

谣言遍地的华尔街是一个令人感到讽刺的现象。毕竟，新闻机构和报章媒体的责任是只要当谣言被证实时，或者有强有力证据支撑时才能被公之于众，但是媒体往往在谣言和小道消息被证实前就大肆传播。审慎客观原则被媒体抛之于脑后。当然，正如古言所说——山雨欲来风满楼。

我以字母表矿业公司（Alphabet Mining Company）为例来进一步说明。这家公司计划在当月 15 日召开会议宣布分红派息方案。此前数年的分红派息方案为每年 6%，市场传言由于公司业绩不佳，因此需要对分红派息方案进行调整。在会议召开之前的 10 日到 15 日，各种谣传纷至沓来：

（1）分红派息方案已经得到批准。

（2）股息率下降到 4%。

（3）董事会一位成员主张业绩事实上并不算糟糕，应该维持 6% 的股息率。

（4）股息率下降到 5%。

（5）董事会将宣布推迟这次会议。

……

谣传还有很多，如有传言称不排除提高股息率。还有传言说公司的股权结构可能发生重大变化，控股权将转移等。反正在正式开会之前，各种小道消息层出不穷。

当股市恐慌情绪蔓延的时候，在华尔街甚至寸步难行，因为在街上走的时候总是被不断有人过来告诉你种种传言，如某家券商就快破产的消息等，不一而足。这些传言对于负责人的媒体工作者而言，必然是沉重的工作负担，因为他们需要花费大量的精力去分析和判断这些传言的真伪和意义，

股市中的消息效力取决于有多少人知道了这条消息。当消息被完全证实时，已经没有多少效力了。因此，对交易者有益的评论和报道不可能等待消息被完全证实的那一刻才报道。当然，这也给了一些不良者通过假消息操控市场走势的窗口期。

否则就只能放任这些谣传在市场上兴风作浪。

当纽约与波士顿，以及芝加哥之间架设了专门的电话线路之后，波士顿和芝加哥也加入到了小道消息源头的行列之中。特别是芝加哥，经常采用一些老套路来制造谣言，如某位总统或者金融大佬不幸离世等。当然，这些制造谣言的波士顿人也不断捏造一些采矿业、制造业以及铁路业的美好谎言，他们编造故事的"才华"堪比印第安纳的小说家们。

理性而富有良知的记者和评论者们很快就知道如何分辨这些传言的真伪了。因为制造谣言的人总是以如下短语开头："我听说""根据某些人讲""根据某位匿名者透露"等，或者是其他一些来源模糊或者不可靠的消息，对于这类传言最好的应对方式是弃之不顾。

如果传言确实源自某位具名的权威人士，而不是二手甚至三手消息，则值得交易者进一步斟酌。谣言制造者和散播者有其个人目的和私利，我们应该明白即便是谣言也会阶段性影响市场，但同时需要明白90%的传言是虚假的，虚虚实实，真真假假，市场就是在真假换位中产生了波动。

总而言之，财经媒体的作者们其实并不希望读者们将自己的观点当作最终的结论。财经媒体记者或者评论者的责任并不像一些散户认为的那样帮助读者从中获利。财经媒体作者的职责只是对影响经济和金融的诸多要素进行分析讨论，尽量明晰各个要素的影响力和趋势，进而帮助读者做出合理的判断。

股票交易者需要明白一点，那就是财经媒体作者在撰写报道和评论的时候有着其个性化的框架和立场。无论其结论是否正确，都只是一种"诊断过程"，类似于医生看病一样。但是，与医生看病也存在显著的差异，那就是财经媒体的作者们通常并不会为"病人"开出"药方"。就算开出了"药方"——对未来的股价进行预测，也不会为自己的判断负责，最后承担盈亏的只能是交易者本身。

一位《华尔街日报》记者给出了如下一段文字来说明上述

利多谣传被证实后，股价可能上涨，也可能下跌。利多谣传被证伪后，市场可能上涨，也可能下跌。这就是市场的复杂性，但其中是有规律的。例如，利多谣传被证实后上涨，是因为实际值高于谣传带来的预期值；利多谣传被证实后下跌，是因为实际值等于，甚至低于谣传值带来的预期值。

问题：

一位读者写信问我：“我发现，所有报章上的财经报道和评论基本都采用了看涨的立场，为什么会这样呢？多年来，我都坚持阅读你的财经文章，但是报道却倾向于谨慎保守，这其中又是什么原因呢？”

要想很好地回答这个问题，首先要搞清楚什么是“看涨的立场”。所谓“看涨的立场”就是有持有头寸，希望高价卖出的人。他们急切地盼望着股价大幅上涨，这样他们才能够在较高的点位上卖出，从而兑现丰厚的利润。相反，持有“看跌立场”的人则往往希望能够以更低的价格买入股票。

大家需要搞清楚一点，那就是华尔街的根本只有一个，那就是能通过经过证券发行和交易从公众手上获得更多的资金。华尔街上包括银行在内的各种金融机构都参与其中。承销发行工作的实质就是帮助上市公司尽量多地募集资金，从而能够获得丰厚的佣金。总而言之，证券的发行对于承销者和做市商而言，有着巨大的经济利益。

证券承销和做市的巨大经济利益让金融机构垂涎欲滴，它们竭力营造氛围让大众积极参与证券市场的交易。它们避免大众处于审慎保守的状态。相反，它们极力刺激大众的投机欲望。这就是为什么财经媒体总是极力渲染乐观情绪的原因。

上述做法已经变成了华尔街的一句格言：“只要消息是利多的，即便是短期利多的消息，那么大众也能够容忍这则消息任何程度的不准确性，甚至误导性。”

大众没有觉察到，甚至永远也不会觉察到所有重大的金融交易都是按照华尔街给的剧本在展开。**牟利而来的上市募集资金者加上狡猾的庄家，使大众永远处于劣势地位。**但是，大众却忽略了一点，那就是他们是市场运行的根本源泉所在，没有他们提供的资金，谁也无法从中渔利。

因此，如果大众能够下功夫从数据和事实上，去探明真相，准确地对公司进行估值，那么就会在股市交易中亡羊补

讳疾忌医是人的天性，谁都不喜欢听奉承话，而喜欢听吉利话。但是，要想从股票市场上获利，则要修正自己的认人性。灭人欲，致良知是交易者在市场上永远的功课。

牢。就算庄家可以在市场上兴风作浪，但是证券是发售给大众的，因此除非大众埋单，否则庄家任何行为都是劳而无功的。

不过，也不能认为财经报道和评论报喜报忧是别有用心，如果说媒体都是为金融机构和大佬们服务则是不公正的。毕竟，人性都是趋吉避凶的，股价上涨对于上市公司和持股大众都是有利的事情。所以，股价上涨报道和评论不过是迎合了各方的利益而已。

尽管看涨的报道和评论表明看起来有利于各方，但对于客观性却是重大的破坏。大多数看多，少数看空，以至于当牛市到达尾声阶段时，缺乏及时而显著的风险提醒，最终大众栽了大跟斗，这时候媒体都开始批评大众过于乐观了。

在华尔街进行投机需要适度的怀疑精神，对媒体的报道和评论需要谨慎对待，这样就会降低亏损的概率。亲自经历过一两次股灾的交易者都会明白谨慎的价值，**成为成功交易者的第一堂课就是不要任由危机变成灾难，要及时止损。**

灾难之所以降临，那是因为过度交易又未能及时止损的缘故。如果灾难让你一无所有，那么纸上富贵有何意义？交易者要避免灾难降临在自己身上，必须保持足够的怀疑精神，秉持客观稳健态度。当牛市的宣传铺天盖地地涌来，当大众的乐观达到顶点时，成功的投机者必须保持克制，放弃那些众所周知的盈利机会，及时离场，方能全身而退。只有明白了如何避免受到牛市结束前极端乐观情绪的感染，才算得上是一名合格的投机者。

活在这个世界上，凡事都要留有余地，凡事都要学会及时止损。

投机巨擘中能够功成身退、安享晚年的人屈指可数，伯纳德·巴鲁克是其中一位，他的自传值得我们去研读。纵观一生，巴鲁克应该超越了杰西·李默埔。

第21章

市场距离对投机客的影响

就价值投资和趋势投机而言，两者更适合场外交易。对于动量交易而言，更适合场内交易。

——魏强斌

距离股市较远的激进投机客习惯于将自己的失败归结为地理位置上的劣势，因为他们认为证券交易所的场内会员们比他们处于更加有利的位置。他们认为，这些场内交易员或者经纪商距离市场波动更近，因此机会更多，风险更小，但是这种观点并不完全正确。无论是场外交易者，还是场内交易者，都是冲着赚钱来的，只不过与市场的距离有差别，赚钱的有效方法也存在差别。

不可否认的事实是，那些交易所的场内自营交易者相对于在纽约、芝加哥，甚至更远地方的场外交易者享有巨大的优势。

为什么会这样呢？我举一个例子来说明，一位犹太裔芝加哥年轻人，毕业于哈佛大学，准备从事股票交易。因为其父就是一位成功的股票交易者，因此获得了来自家人的大力支持。于是，这位年轻人就开始借助于芝加哥到纽约证券交易所的专线进行交易，结局是整体亏损。他将失败的原因归结为一些可以解决掉的因素阻碍了他取得成功。具体来讲，就是行情报价数据从纽交所传到自己眼前的报价设备时有明显的时滞，从纽交所场内到数据发送端需要几分钟，然后再传到芝加哥需要更长时间，在从芝加哥接收端分散传送到整个城市的子端口又需要不少时间。当他下单交易指令时，这个过程就反过来了，同样需要许多时间才能完成指令。虽然参与这个过程的通信设备非常先进，处理时间缩短为以秒计算，但是对于短线投机客而言仍旧捉襟见肘，这位年轻人认为自己因此处于劣势。

看清楚问题的症结后，这位年轻人离开芝加哥前往纽约。到了纽约后，他选择在一家证交所会员机构的办公室中进行交易，在这里他可以及时查看行情数据，但是这样仍旧无法获得他此前预期的优势，于是他干脆购买了证交所场内的席位，成了一名场内的职业交易者。现在，他有机会贴近观察场内交易员和做市商的一举一动了，他有机会研究这些人的估值方法和操作手法。

尽管这位年轻人此前的投机经历很不成功，在情绪不稳定的时候还需要父亲的帮助，但是仅仅过了一年，他现在可以做到持续盈利了，能够以交易为生了。正如预期的那样，作为一个激进的短线投机者，他已经完全摆脱了场外交易者的劣势。

大众认为并不是所有的交易者都能够成为交易者的场内会员，只有具备一些特别的因素才能驾驭场内会员的角色。当然，也有一些场外交易者认为对于一个有足够才能的交易者而言，一间远离喧嚣的办公室，加上一台股票行情接收器，以及一些财经报纸，仍旧能够打败场内交易者。

一些交易者之所以选择场外交易，存在诸多原因。首要原因是交易所太过嘈杂，而远离交易所的办公场所更加静谧，而这对于某些交易者而言是最重要的事情。再者，不受干扰地坐在行情接收器旁边可以让交易者更好地研判市场，也可以冷静而不出错地迅速下达交易指令，这些好处完全抵消了远离市场的坏处。

在场外的办公室进行股票交易的另外一个优势是，可以接触到一些有用的信息，某些办公室可以获得睿智的经纪人提供的可靠建议和新闻，例如，办公室里面的某些人与某位财经记者的关系紧密，可以提前获得一些可靠资讯，或者是与某些主力以及庄家走得很近，可以获得一些内幕消息。

成功的场外交易者明白在股市中不仅需要迅速的决策，同时还需要大量可以自由支配的时间。虽然参与同一个市场，但是每个人的情况不同。市场经验表明不同交易者的个性和偏好相去甚远，观察事物的角度也不同，对于办公场所的要求自然存在差别，一些人或许适合在纽约进行场内交易，而另外一些人则适合在远离交易所的地方进行场外交易。距离市场的远近各有优劣，适合个人的特点就好。

为了具体说明这一问题，我列举两个交易者，第一个交易者是交易所的场内会员，可以直接入场交易，而不用委托他人，每100股需要支付1.12美元的费用。第二个交易者不是场内会员，需要委托他人入场交易，每100股需要支付3.12美元的费用。因此，场内交易者比场外交易者在每100股的交易中享有2美元的优势。如果第一位交易者还需要每年为交易所会员席位支付3750美元，这是一笔固定开支，为了赚回这笔费用，场内交易者必须非常努力。虽然，场外交易者没有这笔固定开支，但是如果其交易量非常大，那么其交易成本也会很快超过这一水平。当然，场内席位的费用也可能达不到 3750 美元，因为存在折扣和返佣。简言之，场内交易还是场外交易各有利弊，大家应该根据自己的情况来选择恰当的交易方式。

比较成功场外交易者与成功场内交易者的数目并不能说明问题，毕竟交易所最多容纳 1100 名场内交易者，而场外交易者的数目肯定是远远比这个多。所以，成功场外交易者的数目肯定比成功场内交易者的数目更多。但是随意将 25 个场内交易者的账户与 25 个场外交易者的账户进行比较，你会发现场内交易者整体表现得更好。

如果综合各种因素进行考量，就会得出一个结论：就投机而言，在纽约或者其他城市的办公室的场外交易者比起纽交所的场内交易者，基本上没有整体优势。

在华尔街，无论是合法经纪商，还是职业投机者，他们的经验都表明普通的场外交易者很少能够持续成功的。场外投机者常常堕落为毫无章法的赌徒，同时他们还处于劣势地位，因为每次交易都要支付 25 美元的佣金，还要支付融资交易的利息。但是，我们必须承认一点，那就是，远离市场的低频率交易者的失败率要显著低于那些沉浸在市场中的鲁莽投机客。长期来看，那些频繁交易的冲动短线客注定会失败，而低频率的交易者则更加稳健，更加容易成功。

场内交易者的资金和专业门槛要高很多，如果无法取得成功就没法继续在场内待下去，这里存在幸存者偏差。

我个人的观点是：就价值投资和趋势投机而言，两者更适合场外交易。对于动量交易而言，更适合场内交易。

第22章

交易者的特质和素养

投机与人生一样，极少数人成功，绝大多数人失败。

——萨缪尔·A.尼尔森（Samuel A. Nelson）

　　从容淡定的人不会因为失败而垂头丧气，也不会因为成功而趾高气扬，如果还有其他必要的素质，那么就非常适合从事投机活动了，但是这并不意味着成功投机是可以完全让人放松的事项。实际上，大多数成功的投机者都时常处于专注状态，不少人都因为焦虑而有身心疲倦症状。在频繁投机时，成功的投机客往往因为兴奋和紧张使消化系统出现问题。在行情低迷的时候，部分投机客甚至因此而吃不下东西，或者只能吃一些最容易消化的食物，甚至只能不断抽烟和喝酒而不想吃饭。不过，少部分交易者不管交易进展得如何都会心无挂碍地吃喝拉撒，消化系统不会因为焦虑而出现问题。显然，最后这种人最适合做投机，因为他们的生活比较有规律，不会因为交易而受到干扰，当然也不会反过来干扰交易。比起那些容易焦虑的人，这类人更有活力，身体状态好，头脑才清醒平静。所以，身心健康对于交易者而言非常重要。例如，有一个年轻投机客，非常聪明，他从父亲那里继承了交易所会员资格。他的父亲也是一个成功的投机客，但是因为交易的时候过于紧张而死于非命。这位年轻的投机客在赚钱能力方面毫不逊色于其父，但是却患上了更加严重的神经

　　交易员必须坚持一项体育运动，最好不要抽烟和酗酒。我在早年从事交易的时候也容易紧张，但是并未像当时一些前辈一样借烟酒麻痹自己。交易者要养成良好的生活习惯，早睡早起，不抽烟，保持简单的人际关系。

紧张和熬夜容易让人出现交感神经亢奋，以至于出现许多身心问题，可以通过瑜伽、禅修和按摩等项目来平衡交感神经和副交感神经。

官能症，以至于不得不经常远离华尔街去旅游，以便放松自己。

一个不知名的财经作家在提及成功投机客需要具备的职业素质时，按照重要程度列出了如下特质：①独立思考；②判断力；③勇气；④谨慎；⑤灵活。

第一个特质是独立思考。作为一个投机客，必须坚持独立思考，要坚信自己独立思考后得出的结论。乔治·马克唐纳（George Macdonald）曾说："一个人不能依靠别人的灵魂和身体，也不能依靠别人的思想。"相信自己是投机成功的前提。

第二个特质是判断力。**投机者必须综合利用自己的各种素技巧和知识，才能够做出正确的判断**。

第三个特质是勇气。决策能够落实于行动必然借助于勇气，交易者要对自己的决策和行为充满信心。对于投机而言，米拉博（Mirabeau）的一句名言十分有价值："勇敢，更加勇敢，永远勇敢！"

第四个特质是谨慎。分析和交易的时候，我们需要同时衡量收益和风险，在度量风险的时候我们需要保持一定的谨慎和觉察。平衡勇气和谨慎是非常必要的。培根（Bacon）曾经说过："思考的时候要觉察到一切潜在的危险，行动的时候也要注意到一切可能的危险。"一个投机客必须保持敏锐才能觉察到风险所在。一旦下定了决心，那么行动就要跟上来，谨慎并非拖延和犹豫。麦克白（Macbeth）说："心到，手到。"先分析，再行动，但是行动要迅速。

形与意合。

性格特征很难改变，因为与身心能量运行有关，西方传统的心理学在这方面收效甚微，比如NLP之类新兴实用心理学也很难从根本上重塑一个人的气质。不过禅修和瑜伽，甚至中医却可以收到明显的效果。从中医的角度来讲，焦虑往往是肾阴虚，而抑郁则往往是肾阳虚。经常熬夜的人容易出现肾阴虚。

第五个特质是灵活。具体来讲就是思维的灵活性，能够根据反馈和现实灵活地调整自己的观点和思维，这是一种改变的能量。爱默生（Emerson）说："敏于观察的人是令人敬畏的。"

上述五项特征是投机者必须具备的，但是要相互平衡。**如果放任某项特质使其过多，或者抑制某些特征使其过少，则会导致整体失衡**。不过，合理而平衡地利用上述特征是不容易的，因此**投机与人生一样，极少数人成功，绝大多数人失败**。

第23章

证券经纪人与客户

职业操守良好、专业素养过硬的经纪人总是力图帮助自己的客户赚钱，因为口碑是最好的宣传。

——萨缪尔·A.尼尔森（Samuel A. Nelson）

大众接触的证券经纪人有两大类：第一类是除了经纪业务之外，也展开自营交易的经纪人；第二类是只进行经纪业务的经纪人。

我建议大家最好雇用第二类证券经纪人，因为他们往往更加中立客观，对市场走势的主观性不强，不像第一类经纪人会因为交易而出现偏见。第二类经纪人更容易追随市场的变化，同时客户赚钱也让他们的经纪业务能够招徕更多的资金和客户。

> 在A股，证券经纪人是不能从事证券交易的。但是，金融机构是可以同时从事经纪业务和自营业务的，只不过要在两者之间建立"隔离墙"。

医生如果是跟自己活着的家人开药方，其效果往往没有给病人开药方好。部分证券经纪人也承认尽管可以给别人提出明智的建议，但是自己操作却经常失败。实际上，许多经纪公司明令禁止经纪人自己从事交易，而证券客户也比较青睐这类经纪人。证券经纪公司长期运用的经验也表明，这样做才能最大限度地杜绝经纪人代客交易的风险。大资金的交易者也倾向于选择这样的经纪公司，因为这样可以避免经纪人私自操作客户的账户，或者干扰客户的操作。

部分股票交易者认为，如果自己开户的经纪公司与庄家

存在密切关系，那么自己也可以借此提高交易的胜算率。当然，某些时候，这样的关系确实可以提供一些优势。但是，这些交易者需要明白的一点是他们的利益只会被经纪公司放在更次要的位置，一旦出现利益冲突，经纪公司与庄家就会牺牲散户的利益。

股票交易者应该充分研究一下自己开户的经纪公司和经纪人。研究之后就会发现每个经纪人的思维习惯和人品都存在差异。我经常听说经纪人总是想办法鼓励客户进行频繁交易，以至于提供一些相互矛盾的建议。例如，A 交易者认为某只股票会上涨，经纪人便建议 A 买入这只股票；不到 10 分钟，另外一个交易者 B 认为同样一只股票会下跌，经纪人便建议 B 做空这只股票。更令人意外的是 A 和 B 都因为此后的微小波动而被经纪人建议止损。这个经纪人实质上是在通过鼓励交易来获得更多的佣金。这类经纪人其实很多，他们顾不上什么职业道德，总是想方设法让客户频繁交易，不过他们在稍微有点头脑的客户眼中很快就被看穿。

股票交易者在经纪人那里开户的时候需要关注其声誉和资质：是新入行的还是资历老的？过去的职业生涯是否成功？其客户的流失率如何？老客户占比高吗？是否经常怂恿客户冒险？

一个有职业素养的证券经纪人在面对交易中的危险情况时需要保持冷静，不要因为客户的亏损影响到自己的理性分析能力。如同面对危在旦夕的病人而失去理性的护士一样，一个容易受到客户盈亏影响的经纪人会带来更大的风险。如果同情每个亏损的客户，那么证券经纪人很快就会精神错乱，甚至崩溃，最终离开这个行业。一位从业 20 年的成功经纪人用自己的钱弥补了高达 10 万美元的客户亏损，谈及这个问题时，他不无自责地说："如果重新来过，我会质疑这样的做法到底对不对，因为这些客户从未感谢我，也未对自己的行为进行反省。我破坏了行业规矩，也助长了恶习，这对于经纪人和客户都没有好处。"

让每个健全的成年人承担起对自己的责任，不要包办代替。

　　职业操守良好、专业素养过硬的经纪人总是力图帮助自己的客户赚钱，因为口碑是最好的宣传。他会尽力提出一些有益的建议，而这些建议是根据客户的资产情况和心理承受能力给出的。

第24章

对赌交易行

在投机中规避一切风险和损失的方法就是根本不参与投机。

——萨缪尔·A.尼尔森（Samuel A. Nelson）

对赌交易行（Bucket Shop）是经营者与客户对赌股票上涨或者下跌的交易场所。客户向对赌交易行提供 1%~10% 的保证金然后下单"买入"或者"做空"股票。交易所收到保证金后，表面上执行了这些订单，其实这些单子并未递到股市上去成交，对赌交易行自己将这些单子吃进，与客户进行对赌。因此，如果客户下注成功，那就意味着交易行亏钱；相反，如果客户下注失败，那么交易行就能赚钱。客户的盈亏金额就是交易行的亏盈金额。

对赌交易行认为从长期来看，超过 80% 的投机客是亏钱的，虽然他们总是试图扭转败局，但是长期来看，对于一般投机客而言，股市确实是不可战胜的。

对赌交易行已经出现了超过 25 年了，监管机构也曾经采取诸多措施来打击它们，但是效果不佳。对赌交易行在早期经历了"野蛮生长"的繁荣时期，大量的资金涌入其中，根据最保守的数据统计，则每年涉及的盈亏超过几百万美元。20 年前在华尔街，甚至整个纽约，只有一家势力雄厚的对赌交易行，老板是路易斯·托德（Louis Todd），他在百老汇 44 号创办了对赌交易行，并将其分店开到了新街（New Street）附近。无数的投机客以及收入微薄的小职员到这家对赌交易行下注，托德因此积累起巨额的财富。他将部分财富用来建造了两家百老汇著名的酒店——马尔伯勒酒店（Marlborough）和文多姆酒店（Vendome）。在成为百万富翁之后，托德退出了对赌交易行的经营。在托德发家致富的这段时间当中，新街还出现了几十家规模小一些的对赌交易行。部分对赌交易行的经营场所甚至跟华尔街周围的贫民窟差不多。这些规模较小的对赌交易行

J.L. 小时候工作过的地方就是一个对赌交易行，也可以称为"野鸡交易所"，相当于今天许多的"黑平台"，这些黑平台泛滥于商品和外汇市场。而所谓的差价合约CFD，其实就是一种对赌合约。虽然并非所有对赌和合约一定违约，但是违约的风险很高。在次贷危机之前，鲍尔森参与的不同金融标的都有或多或少的对赌性质，但是基本上没有出现对手盘违约，因为对手盘都是些大名鼎鼎的金融机构。

大部分都是由资金并不雄厚的赌徒开办的，如果经营了一周就赔钱的话，他们就会关门走人，携款逃跑。过了一两周，这些违约的经营者在改头换面之后重操旧业。当然，也有极个别的对赌交易行会在经营困难时申请破产，但是这种守法经营者数量极为有限。

无论对赌交易行是携款潜逃，还是依法破产，交易者都面临巨大的亏损。一些经营者采取破产的方式进行欺诈，而刑法却惩戒不严，以至于这类违法行为频繁发生。

自1890年以来，经纪公司和对赌交易行的数量不断增加，目前在股票交易中发挥着重要的作用，无论是合法的，还是非法的，都已经比较完善，以至于交易者根本分不清楚哪些公司是合法的，哪些公司是非法的。对赌交易行与股票投机活动已经密不可分了。

一般而言，对赌交易行可以分为以下五种类型：

1. 满足本地的股票投机需求，但是限定了交易数额的对赌交易行。

2. 宣称自己是银行机构，大肆宣传自己的交易业务，但其实并不是证券交易所会员，实际上是通过本地的邮政网络或者是与大城市联网的专用电报线进行交易的交易行。

3. 具有证交所的会员资格的交易行。

4. 在华尔街建立中心，以专用电报线系统进行运作，主要利润来自参与对赌的乡村交易者亏损的交易行。

5. 明里声誉较高，暗里也会偷鸡摸狗干违法对赌的交易行。

第一类对赌交易行的特点是经营者违法和违约的可能性很大，因为他们开办这类机构只需要100~1000美元，甚至不需要任何资本。只要有客户下注并且亏钱，那么这些对赌交易行便能经营下去。不过，这类交易行很少能够做到同时清偿所有客户保证金的规模。在这类对赌交易所当中，最为流行的头寸是5股为一手，当然10股一手是上限。交易者的最低保证金要求是1%，保证金上限是2%，交易佣金为1/8或者 1/4。如果交易者的保证金余额不足，则会要求追加保证金。

1896~1902 年，股市持续上涨使第二类对赌交易行大面积倒闭，到目前为止尚存少数几家，它们的资金实力都不可小觑。这几家公司与合法正式的交易机构相差无几，它们都拥有体面的办公场所，能够花费数千美元做广告，也时常分发印刷精美的小册子和书籍。

第三类对赌交易行竭力表明自己是证交所的正式会员，这是它们最为宝贵的商誉。这类对赌交易行其实也会在内部撮合订单，然后将剩下无法"内部消化"的订单递到证交所内撮合。这类对赌交易行通常认为自己比其他交易行更有竞争优势。

第四类对赌交易行往往会先在华尔街设立总部，同时建立私人电话系统用来连接分布于乡村的分支。他们通过提成的方式在分支机构雇用员工，这些雇用来的员工成了各地的代理，而真正的老板和经营者则隐居于幕后。这类对赌交易行经常打着"纽交所代理公司"的名头在外面招摇撞骗。这类对赌交易行在业务繁忙的时候仅仅是雇用的电报员就有几十人。这类对赌交易行不但进行股票交易，还进行谷物和棉花等商品的交易。不明就里的人会认为这类对赌交易行的客户是在赚大钱，其实这些客户往往缺乏足够的经验，而那些乡村交易者很快就会输得精光。

第五类对赌交易行虽然在金融危机到来时也不愿意承担自己的法律责任，但是它们不能算作是对赌交易行，它们也看不起前面四类与对赌沾上边的交易行。这类公司都拥有证交所的会员资格，其自营业务往往也持有大量股票。当大盘会出现难以避免的下跌时，这类对赌交易行通常建议客户卖出，但是这类建议往往会被客户忽视，甚至客户会反其道行之，买入更多的股票。为了避免殃及自身，对赌交易行会将强行平掉客户的多头头寸，这相当于利用客户的账户进行交易。一旦暴跌结束，这类交易行又会回补多头头寸，重新买入股票，但是并非利用客户的账户，而是在自营账户上买入。但实际上，对赌交易行通过抛售客户的股票压低了股价，然后再利用自己的资金逢低买入，客户的亏损成了交易行的利润。这类对赌交易行平时都是守法君子，但是一旦市场出现暴跌走势，它们就会推波助澜，借保证金不够的理由强行平掉客户的多头头寸，使股价进一步暴跌到不合理水平，然后它们趁机用自己的资金捡便宜货，逢低买入。

对赌交易行不是交易所，多少有违法的嫌疑，但是它们对下列三种投机客具有吸引力：

1. 无法在合法正式经纪行开户的小额交易者。

2. 习惯基于传统黑板行情报价，而不是交易所公开报价进行交易的投机客。

J.L. 早年在对赌交易行进行投机，不用考虑能够成交的问题，因为都是按照黑板上写下的数字来买卖。但他后来到了华尔街就发现无法适应了，因为报价处于快速变动中，能够以什么价格成交取决于场内撮合的结果，撮合则与成交量在价格水平的分布有关。

现在，许多大宗原油、贵金属和外汇的黑平台仍旧在使用这些伎俩，大家眼睛要擦亮了。太阳之下，毫无新意，一百多年了，金融市场上的骗局如出一辙。

3. 习惯于通过本地交易行，而不是纽约证交所的场内会员进行交易。

在这些投机客当中，第一类投机客是对赌交易行利润的主要来源。第二类投机客或许在黑板报价交易上存在一些优势，但是有可能被对赌交易行放入"黑名单"，被拒之于门外。第三类投机客则应该彻底放弃这类对赌交易行，否则只能陷入持续亏损的境地。

站在对赌交易行的立场来看它们的经营法则：

（1）利用 5000 美元就能够开办一家对赌交易行。

（2）**超过八成的投机客是输家，与投机客整体对赌必然是赢家。**

（3）**最容易成为输家的是小资金交易者，以及采用保证金的杠杆交易者。**

（4）**资金越少，越容易输掉，杠杆越高，越容易输掉，**因此，对赌交易行更加欢迎资金小的高杠杆投机客。

（5）吸引投机者扩大交易规模，无论其中间赚了多少，最终都会输给对赌交易行。

（6）及时兑现和支付新客户的利润，这是对赌交易行的经营原则之一，只有这样才能让新客户愿意增加投入，成为回头客。

（7）投机客不会知足，不用担心他们在赚了钱之后会离开，相反他们会带着更多的钱重返，因此对赌交易行的经营者大可放心。

有一位对赌交易行的经营者曾经坦诚地对我说："这显然就是一场赌博的游戏，其中有无数的花招。普通的投机客是愚蠢而不自知的，他们盲目地认为自己能够预测游戏的结果，其实他们什么都不知道。我举一个例子，一家大型的对赌交易行鼓动其大多数客户以少量保证金'买入'总计 1 万股美国糖业（American Sugar）的股票，相当于采用了极高的杠杆，价格稍微下跌这些保证金就没了。然后，这家对赌交易行会雇用一些经纪人去串通某些真正的持股人卖出一些股份将股价刚好打压到强平的点位。一些精明的场内交易者也会故意触发其他交易者的停损单，从中渔利。"

1899 年时，美国的对赌交易行基本上都处于破产关门的境地，他们的资本以及客户的保证金基本损失殆尽，拖欠的债务高达数百万美元。如果客户挤兑保证金，那么恐慌就出现，一天之内交易行的资金将被抢光，对赌交易行的经营者只能携款潜逃，到新的地方重新开始。

牛市持续的时候，对赌交易行基本上挣不了钱，而且还会亏钱，最近数年的情况就是这样的。因为在牛市中，大众都在买，对赌交易行自然成了空头，它们在不断做空，结果就是不断亏损。只有在市场剧烈震荡的时候，对赌交易行才容易挣钱。**对赌交易行不喜欢那些愿意及时小额停损的刮头皮投机客，他们更喜欢那些一心想要从市场中挣大钱而盲目追涨杀跌的交易者。**

部分对赌交易行的经营者由于精心设计的运营体系而掩饰得很好，因此从未被客户们怀疑过。这类经营者拥有雄厚的资金以及老道的商业经验，他们才是这个国家有史以来最赚钱商业机器的背后大老板。如果出现能够持续盈利的交易者，对赌交易行会毫不犹豫地努力将这个人踢出去。

数年之前，只要 5000 美元就可以创办一家对赌交易行，这在当年来讲已经算是一笔很大的投入了。但是今天开办一家对赌交易行所需的资金远甚于此。现在，成了一家对赌交易行需要 10 万美元的启动资金，而这 10 万美元可不是经营者能够拿出来的，因此需要一些赞助者来出资。一旦对赌交易行成立起来，经营者就需要依靠客户们的保证金来维持运营，而将赞助者出资的 10 万美元作为股东红利返还给他们，此后的盈利所得他们也要分一杯羹。

如果客户们对对赌交易行的运营以及股东们提出了怀疑，而对赌交易行却无法令客户们满意，则这个生意就无法继续做下去了，对赌交易行就会"暂停营业"，也可以说是"跑路"。但是，客户们或者说投机客们此后却仍旧能够"冰释前

J.L.在对赌交易行就善于进行刮头皮交易，他止损幅度小，而且及时，同时赚一点就跑，类似于小鸡啄米，因此缩短了风险暴露的窗口。

J.L.因为能够持续赚钱而被对赌交易行宣布为不受欢迎的人，此后他想尽各种办法能够参与对赌交易行的赌局。不过 J.L.最终不得不走艰难的转型之路，从一个刮头皮的短线客，变成一个趋势交易的大师。转型涉及许多关键的因素和步骤，有兴趣的读者可以参阅《股票作手回忆录：顶级交易员深入解读》一书的批注部分。

嫌"，继续和破产后改头换面的对赌交易行做生意。

老道的对赌交易行经营者对普通投机客的心思和思维习惯洞若观火。他们知道投机客如果对股市乐观则会买入股票，如果成功地利用 100 美元本金挣到了 1000 美元，那么他们会迫不及待地拿回自己的本金和利润。如果他们很快拿到了自己的钱，则会认为这家对赌交易行是靠得住的，同时他们也会觉得自己是股市之王，财富必将滚滚而来，进入到自己的口袋当中。短暂的成功让他们不可一世，盲目自大。他们不仅会带着更多的钱重返股市，而且起到示范作用，周围的亲朋好友也参与其中。

即便这个投机客再度走运，将 1000 美元翻倍到了 2000 美元，他非常可能已经陷入了频繁交易的恶性循环中。他把全部资金投入到了股市中，同时买入许多只股票。倘若股市出现任何大幅的反向波动，都会让他倾家荡产。如果整个股市出现猛烈下跌，那么这个投机客就只有爆仓破产了。

但是普通投机客并不怎么吸取教训，他们往往会再度陷入到股市中。不过，经历了重大挫折之后，他们现在不在祈求发大财，而是降低了目标，希望先捞回亏损。为了弥补损失，他们变得更加不理性，结果亏损更多。再度受挫后，他们会变得胆小犹豫或者是更加渴望扳回一局。一旦陷入投机上瘾的状态，他们就会越发贫困，基本不可能在从事正当的职业，变得对社会毫无贡献。

从投机客在对赌交易行下单的一刻起，他已经完全站在输家的行列了。这是一场必输的赌局，原因很简单。我们知道供求是会影响股价的基本因子，如果供给大于需求，则股价下跌；如果供给小于需求，则股价上涨。但是，投机客在对赌交易行下的指令并未在股市上成交，而是被对赌交易行接下来了。因此，投机客就算买入再多，这些单子也影响不了股价。即便保守估计，投机客每天在对赌交易行买入了 5 万股，但是这些单子并未对股价的上涨产生影响。因此，投机客虽然投入了不少资金，但是却无法左右股价的涨跌，他

可以看看严歌苓的小说《妈阁是座城》，里面清晰地刻画了赌棍的心理。一个人要想在股市中摆脱赌棍似的恶性循环，必须具有原则性。逐利，这件最物欲的事情，却是最需要原则的事情，否则就会万劫不复，堕入深渊。有利，还要有节。否则会被欲望所奴役，失去最可贵的自由。

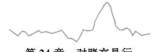

们冲破层层阻挠参与投机活动，结局只不过是一再亏损而已。

　　部分不明真相的交易者认为即便在合法的证券交易所也会遇到相同的情况。其实，情况恰恰相反。一旦订单进入到证交所，要么真正与其他单子撮合，要么等待撮合，或者撤单。客户的买入订单一旦被撮合，就会真的持有股票；客户的卖出订单一旦被撮合，就会真的卖出股票。

　　我也偶尔听到有投机客在对赌交易行赚了钱，但是从未听说有投机客在对赌交易行发了大财的，更从来没有听说过有投机客带着自己的巨额收入全身而退了的。

　　虽然在某些时候投机客在对赌交易行进行交易的时候有可能获利，但是如果你查看这些对赌交易行的账簿就会发现，从长期来讲，在对赌交易行进行投机的交易者最终都会破产。这表明这些投机客并没有掌握投机的基本原理。

　　一位知名的当代财经作家指出：在美国存在大量被称为交易行的赌博场所，这些窝点屡禁不止。他们的无耻伎俩常常被揭穿，但是投机客们仍旧前仆后继，络绎不绝。这一现象引发大量的道德争议和社会评论，也让人心生怀疑，难道美国人比通常认为的更加愚昧无知？难道这样荒诞不经的愚行还在扩散？

　　参与对赌交易所的投机客们大部分都是容易上当受骗的人，他们将光阴与金钱浪费在了一个必败无疑的冒险中，希望能够暴富。为什么这类赌博场所如此盛行呢？从民族性来讲，可能是因为美国人嗜好冒险和投机，骨子里有不可抑制的致富狂热。

　　虽然我们将全体国民都称为赌徒是绝对不妥的，因为目前在美国盛行的投机并未像过去两百年在欧洲的投机狂热一样影响所有民众。欧洲过去两百年发生了许多次全体民众卷入其中的投机狂潮，例如，南海泡沫、约翰·劳制造的金融泡沫以及郁金香泡沫等。美国现在的情形还未达到这种全民皆投机的程度，但是美国国民性格的重要特征之一就是喜欢冒险以及富有想象力。这一特征在经济繁荣阶段越发明显，正

处于一个必败的格局，个人的努力和才智有什么用呢？

如现在一样。目前股市对铁路股和制造业股的炒作也体现了这一国民性格特征。其实，美国的繁荣部分建立在金融业发达的基础上。

乍看起来，对赌交易行似乎为投机活动提供了非常便捷的途径。一个乡下人，他或许不愿意投入 10 美元参与轮盘赌，但是却愿意从附近的对赌交易行买入 10 股铁路股。为什么这些对赌交易行会如此受欢迎呢？因为通过合法的正规途径购买股票需要繁复的手续和较高的交易佣金。另外，实例雄厚的正规经纪行通常不愿意与小资金的交易者打交道。同时，小地方信息闭塞，经常看不到市场报告。上述因素共同造成了小地方人很难参与正规的股票交易。

还有一个原因使不少投机客不愿意与正规经纪行打交道。在对赌交易行中，投机客基本不会承担超出保证金的亏损，遇到行情不利时，最大的损失就是已缴纳的保证金。但在正规经纪行，当行情快速变动，以至于经纪行强平后仍旧存在大额的亏损，这种情况下，交易者就要继续承担这笔债务。

对赌交易行的经营过程与正规经纪行的经营过程完全不同。对赌交易行在接到客户的订单之后，其实并未买入或者卖出特定股票。在许多时候他们或许根本不加掩饰，但绝不会让客户了解其中的猫腻。无论是对赌交易行，还是投机客其实都将这笔交易看作是一次赌博下注，赌的是纽交所的特定股票是上涨还是下跌。

对赌交易行向客户收取的手续费要比正规经纪行和交易所收取的手续费更低。同时，对赌交易行愿意接受小额资金买卖，同时收取的保证金比例更低，也不会向客户收取"融资利息"。如果按照正规的模式进行保证金交易，那么客户需要向经纪商提供的融资资金缴纳利息。另外，对赌交易行允许客户以当前的价格入场或者离场，但在正规交易中实际成交价则或许与看到的报价有较大的差别。

在对赌交易行，客户的保证金用完时，其账户会被立即关闭。对赌交易行的经营者希望从整体上获得稳定的盈利，

今天的场外交易品种，如小额保证金外汇、差价合约等其实大部分是对赌交易，美国这方面的监管要严厉得多，而一些注册地在大西洋国家和地区的经纪商很容易玩花招。受到中国香港或者美国监管的外汇经纪商要正规得多，权益容易得到保证。在今天，股票和商品期货市场的情况要好得多，基本上都是正规的经纪商。

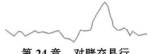

因此它们更愿意从数量庞大的小笔交易中累计利润，这样它们可以表面客户的单一头寸获得了大量利润而造成对赌交易行出现重大亏损，甚至破产。

整体而言，对赌交易行对资金规模很小的投机客而言具有较强的吸引力，如果对赌交易行挂靠某个拥有交易所会员资格的经纪行，则可以进一步增强这种吸引力，从而垄断了华尔街之外的股票投机活动。

现在可以回答这一问题了——对赌交易行经营者的利润从哪里来呢？从实质上来讲，对赌交易行的业务就是和客户进行一系列的赌博。客户会猜测股价的涨跌，但事实表明这类猜测的错误率极高，要想持续获利简直难如登天。大多数远离华尔街的投机客都习惯于买入股票，他们不敢做空，因此被华尔街称为胆小鬼。因此，在牛市时，大多数投机客都站在了做多一边，而对赌交易行则不得不站在空头一边，由于市场持续上涨，对赌交易行的客户们积累了大量的账面利润，而对赌交易行则亏损惨重。客户们赚了多少，对赌交易行就亏了多少。对赌交易行的老板不会老实认输，他会采取各种手段来干扰客户的获利，让账户出现问题，实在不行则携款潜逃。

当然，并非所有参与对赌交易行的投机客都毫无警惕性，他们知道投机本身是残酷的，而对赌交易行的老板们也是卑鄙无耻的。这些投机客或许数次破产，但又卷土重来，他们对于输赢的关心可能远不及对交易行的关心。他们最关注的问题是交易行是否还能运营下去，如果发现不好的苗头，他们会马上提取利润。毕竟，对赌交易行是一个潜藏着巨大危险的地方。

上述证据显然表明了在对赌交易行参与股票投机是一件冒着巨大风险的事情。如果一定要参与股票投机，可以购买交易所席位，或者是委托正规的经纪商参与交易，当然，**在投机中规避一切风险和损失的方法就是根本不参与投机。**

第25章

股票投机与纽约联合交易所

当纽交所的炒作停止之后，联合交易所的小额交易者也会停止炒作。

——萨缪尔·A.尼尔森（Samuel A.Nelson）

投机者应该清楚联合交易所是怎么一回事，知道它的优势与劣势，以及与股票交易所的关系。对于投机者而言，联合交易所是非常重要的，因为它为小额交易者以及郊区的投机客提供了合法的参与场所。联合交易所是由矿业股交易所与原油交易所合并而来，在广告时采用"纽约联合交易所"的称呼。19世纪70年代到80年代，该交易所的矿业股和原油合约受到了热烈的追捧，掀起了一波投机热潮。当时一手原油合约为1000桶。后来，随着矿业股和原油合约的投机热潮退去，投机对象转向了其他热门股票。现在联合交易所的整个大厅基本上都在进行各类股票的交易，矿业股和原油合约名存实亡。这个交易所主要撮合每手小于50手的交易，绝大部分都是10股一手。部分联合交易所的会员常常称这一交易所是散户主导的市场。但实际上，真正主导性的股票市场是纽约证券交易所（简称纽交所），纽交所的一切交易活动都能完全得到法律的保护和裁决。联合交易所集中交易那些热门股，对于一些交投清淡的冷门股则没有报价和成交。即便纽约联合交易所被取消，股市仍旧存在，无论是投机者还是投资者，以及是上市公司都不会因此遭受什么重大损失。

纽约联合交易所不是纽约证券交易所，前者是一个相当松散的以证券为主的交易所，主要面向散户。

不少人质疑纽约联合交易所是不是一家有效运作的公共金融机构，这个问题不好简单地回答。纽约联合交易所的会员席位为 2500 美元，而纽约证券交易所的会员席位为 83000 美元。纽约联合交易所曾经存在数次污点行为导致许多轻信的投资者遭受了重大的亏损。另外，一些对赌交易行竟然在纽约联合交易所获得了会员席位，19 世纪 90 年代初以来兴起的一些欺诈行为也没有因为近期监管措施的出台而得到解决。

纽约联合交易所最有价值的设备就是其"行情报价牌"，这是美国最大的行情报价牌，有一个街区那么长。纽约联合交易所有两名工作人员负责在这块报价牌上更新价格数据，这些数据在 10：00~15：00 由电报员接收。

这些报价从何处发送而来，没有人知道。因为纽约证券交易所并不承认纽约联合交易所，前者极力维护自己的"官方报价"地位，自然不会向后者提供报价信息。但是，纽约联合交易所仍旧想尽办法获得纽约证券交易所的行情信息，并通过电报及时传送这些信息。目前有两家股票行情电报公司，一家只为纽约证券交易所的会员单位服务，另一家则为联合交易所等机构服务。第二家股票行情电报公司传送报价的速度比第一家的要慢 1~2 分钟。

纽约联合交易所的大厅内还有两个行情更新较慢的股价自动收报机，尽管纽约证券交易所总是想要搬走这两台机器，但是经过联合交易所的合法争取，这两台机器成功保住了。我会在下面详细介绍纽约联合交易所的会员如何使用股价自动收报机。除了这两台较大型的收报机之外，纽约联合交易所还有一些完全属于自己的小型股价自动收报机，但是意义不大。

现在，纽约联合交易所的会员也会通过其他不为人知的途径获得股票行情报价。由于纽约联合交易所的股价收报机接收的数据有延迟，因此其他依靠更快收报机的交易者，特别是通过证券交易所场内渠道获得报价的交易者则具有明显的速度优势，他们可以获得更好的价格进行买卖。

当代的高频交易机构也非常注重更快的交易速度，这是它们的制胜法宝之一。

参与纽约联合交易所买卖的机构和人员主要有如下这些：

（1）遵守法规，执行和完成客户交易的正规证券经纪公司。

（2）绕开监管和法规，实质上是对赌交易行的非正规经纪公司。

（3）为了节约委托费用，绕开了经纪公司的自营投机者。

（4）每个交易日结束时不会持有任何头寸的日内交易者。

（5）依靠价格快速变动获利的日内动量交易者。

（6）在纽约、费城和波士顿股市之间进行跨市套利的交易者。

（7）接受委托执行经纪人订单的经纪人。

纽约联合交易所的会员席位数量不多，只有 2400 个，而这其中只有 1/5 是活跃席位。正规的证券经纪公司拥有许多每手交易量为 100 股的客户，但是整体上看这些公司的客户还是以每手 10 股的头寸规模进行交易。纽约联合交易所每手低于 50 股的小额交易的手续费直到 1902 年都为纽交所手续费的一半，也就是 1% 的 1/16。后来纽约联合交易所的会员们投票赞成将低于 50 股的小额交易的手续费提高到与纽交所同样的水平，也就是 1% 的 1/8。而大于每手 50 股的交易的手续费仍旧维持在 1% 的 1/16。

部分经纪商对于纽约联合交易所中最为活跃的三四只股票一般采用纽交所的佣金水平，也就是 1% 的 1/8。在纽交所，小额交易者处于劣势地位，因为他们买入或者卖出股票需要按照每 10 股支付 1% 的 1/4 到 3/4 的手续费，甚至更多。

当然，纽交所的经纪商有时候也会下调手续费。例如，在火爆的牛市行情中，纽约联合交易所的股票整体要比纽交所的股票上涨更快，为了抢夺生意，纽交所的经纪商就会下调那些同时在纽约联合交易所交易的股票的手续费。

由于纽约联合交易所的成交量有限，因此其会员有时候发现大额订单无法在纽约联合交易所撮合成交，这个时候就只能转到纽交所去撮合，而这个时候就必须按照纽交所的手续费率征收佣金。这些事实表明联合交易所市场容量有限，但是纽交所等主导证券市场的容量则要大得多。因此，纽约联合交易所与纽交所的场内大厅保持着及时通信联络，以便更好地撮合一些单子。

关于纽约联合交易所的订单撮合能力，有如下客观结论：

（1）就热门股和活跃股而言，小额交易在纽约联合交易所更具费率上的优势。交易者在进行每手 10 股的热门股交易时，如果选择联合交易所的经纪公司进行委托，其费率相当于在纽交所进行每手 100 股的费率。

（2）纽约联合交易所很难撮合每手 100~500 股的大额交易。

（3）交投稀疏的冷门股无论是在纽交所还是在联合交易所都很难找到位置。在纽交

热点在不同市场间蔓延和传递。美国的科技概念炒作往往引领 A 股，前者熄火，后者也跟着熄火。所以，美国的科技概念股往往是 A 股同样题材的风向标。

所活跃的股票容易成为投机者的焦点，成为热门龙头股，当这只股票成为纽交所的热门股之后，纽约联合交易所也会热捧这只股票一段时间。当纽交所的炒作停止之后，纽约联合交易所的小额交易者也会停止炒作。

（4）部分联合交易所的经纪公司会对融资交易者收取 6% 的年利，从融资购买股票之日计息。这个利息要比纽交所更高，一般在周六结算的时候收取一周的利息，纽交所则是逐日收取利息。联合交易所的股票结束方式与纽交所相同，也就是每天结算一次。

现在，联合交易所会员中的对赌经纪商数目比起以前下降了。但是，一些聪明的对赌经纪商发现成为交易所会员不仅可以获得更多的业务，而且可以合规地进行对赌。

例如，如果接到某个客户要求买入某只股票 10 股，则他可以委托经纪人在市场上买入 10 股，同时委托另外一个经纪人卖出 10 股，然后让这两个经纪人匹配这两个订单。这样一来，经纪商其实就是在市场上和客户两个合法地对赌了。如果客户亏了，那么经纪商就获得了相应幅度的盈利；如果客户赚了，那么经纪商就获得了相应幅度的亏损。

当然，这种公然的对赌也会碰到麻烦，因为客户要求经纪人提供对手盘的姓名，而经纪商无法提供相应信息的话，就会被取消会员资格。这类"合法的对赌"还是引来了无数的批评，因为这类做法扰乱了市场撮合体系，使那些真正的订单处于不利地位。经纪商自己在市场上接了客户的单子，意味着形式上进行了买卖，其实还是左手倒右手。

虽然很多这样的公司都已经存活了下来，但是通过它们进行投机的交易者们还对它们持谨慎态度，因为对它们承担责任的态度保持怀疑。这些公司的客户往往惧怕下单价格与成交价格相去甚远，因为一旦这种情况发生，这些公司的经纪人就会将责任推得一干二净，认为是交易所的设备有问题。

如果投机者想要尽可能地降低交易成本，那么可以购买联合交易所的席位，成为其会员，并交易自己的账户。有一些特别的会员可以不用缴纳会员费，如交易所的退休人员、会员的子女等。即便在熊市中，他们也可以通过出借手头的股票来赚取收益，因为一些资本不那么雄厚的经纪人希望能够帮助自己的客户借到股票，那么借出股票的交易所会员就会获得平均 6% 的收益，甚至更好收益。

当日冲销的投机客与前面提到的各类交易者有一些类似的地方，但是并不完全相同。他们每个交易日结束的时候都没有持有任何头寸，一旦收盘，没有头寸可以让他们挂念，所以他们的睡眠更好。他们的盈亏金额都不大，基本上是小赚和小亏。正常情况下的亏损幅度为 1/8 个点，同时不超过 1/4 个点。这些"当冲投机客"会深入研究交易所的场内经纪人的需求和特征，进而靠直觉猜测下一刻的报价，他们赚取的利润来自正规经纪公司或者其他交易者的亏损，因此他们确实算得上是"场内赌徒"。他们的思维中并没有什么复杂的技术分析等市场知识，他们仅仅观察两个交易所的报价以及成交量，然后据此做出判断。这类投机客不喜欢联合交易所的对赌经纪行会员，因为他们经常在场内就把自己客户的单子接了，这就相当于抢了"当冲投机客"的机会。这类投机客也讨厌那些拥有更快报价系统的交易者，因为这意味自己猜测下一刻价格波动的能力优势丧失。

那么，交易者如何获得更快的报价呢？有两个办法：第一个办法是通过纽交所的快速股价收报价机；第二个办法是与纽交所的会员建立秘密联系。具体来讲，第二个办法其实是采用"无线"的方式。首先纽交所的会员将行情及时传给身在联合交易所的接线员，然后接线员通过手势将价格涨跌信息传递给身在交易池内的投机者，这时候联合交易所内的报价可能还未更新，投机者迅速买卖，抢了个时间差。这种传递方式比联合交易所的行情牌以及股价收报机要稍微快一点。这种不正当的竞争方式让其他交易者非常不爽，但是却非常有利可图。不过这种传递方式时常出现中断，然后需要重新建立。其他不具备这种信息时效优势的交易者就会采取

郑州期货市场和 2015 年前的中国股指期货市场上都存在类似的手工高频交易者，他们持仓的时间平均不到 1 分钟，他们一般不管什么技术分析，基本面分析则更不会看，他们直接观察价格的变化，快速进出获利。但是，一旦手续费和监管趋严，这类交易方式就基本上瘫痪了。

跟风策略，但是这样的做法非常劳心费神，因此极少人能够坚持得下去。

　　除了利用纽交所和联合交易所的报价时差之外，还有一些联合交易所的会员会采取跨市套利的策略，具体来讲就是在纽约、费城和波士顿的股票交易所之间套利，当然他们不会侧重任何一个交易所。尽管波士顿和费城之间的套利交易规模不大，但是仍有一些联合交易所的会员表明自己的理想是取得上述主流交易所的会员资格，这样就可以获得更加及时的报价，从而在上述主流交易所与联合交易所之间套利。总而言之，要想进行上述套利，必须具备至少两个以上交易所的会员资格，同时拥有雄厚的资本。

　　上述套利操作的风险也比较高，因此一旦被主流交易所发现自己的会员在进行不正当的竞争，那么就会被取消会员资格。当然，如此高额的利润必然会有胆大的人敢这么做。

第26章

股票推荐者

围绕股市有各种利益相关者，你只有搞懂了他们的根本利益和底牌，才能更加理性客观地看待他们的言行。

——魏强斌

初入股海的新手在正式交易之前总会询问一个问题："可否告诉我买哪一只股票可以挣钱？"除非提问者是股票推荐者的会员，否则不会得到任何正面的回答。

所谓的"股票推荐者"一般分为两类：第一类是一些普通男女，伪造一个假的名字或者打着某家信息咨询机构的名字进行广告，招徕客户，贩卖一些有关大盘和个股的资讯和建议。第二类是一些正规的股市信息咨询机构，他们通常不会进行广告宣传。

股票推荐者算得上是一个华尔街的新兴事物，因为在十年前这类职业在华尔街并无立锥之地。现在，由于大众的财富急剧增加，理财需求暴增，大众充满了投机的狂热，但同时缺乏足够的专业知识和理性，因此使股票推荐者这个行当快速发展。一些社会影响力很大的媒体也专门开辟了推荐股票的专栏，联邦政府和监管当局也无法约束这个行业的发展，大量荐股的广告通过邮政系统投递出去。即便是在纽约这样的大都会和金融中心，他们也能够轻易地租到邮箱，同时使用假名投递邮件。股票推荐者往往都不太愿意与客户见面，

金融市场当中下注的人都想要赢，但是你有什么优势呢？这个优势如果仅仅通过钱就能买来，那么就不是真正的优势。

由于使用租用的邮箱，因此他们不用写明详细的地址，通过信件联络的方式他们可以更好地在行骗的同时保护自己。直白一点来讲，这些股票推荐者其实就是骗子。尽管他们声名狼藉，但是这些所谓的荐股师和专业机构有时竟然能够让1500多名投资者每月每人支付5~10美元的会员费。

在纽约布鲁克林区（Brooklyn）有一位名叫米勒（Miller）的年轻人，自称来自一家名为"富兰克林辛迪加"（Franklin Syndicate）的财团。这家所谓的"财团"其实就藏在布鲁克林郊区贫民窟的一栋破烂的两层小木屋当中。他们通过廉价劣质的印刷物到处宣传自己，大肆报道自己已经找到了致富的捷径，并且承诺只要投钱就能够获得520%的收益。以米勒为代表的这个组织靠着这种简单的骗术就捞到了80万美元的巨款。后来有一家报纸拆穿了这个骗局，米勒成了"替罪羊"，在联邦监狱服刑，而真正的幕后大老板则携带着巨款逃到了欧洲。在这个骗局中，男女老幼受害者都有，其中有一部分竟然是医生。当时，有大量的人希望通过某种投机方式一夜暴富。许多受害者坦诚他们知道米勒是一个骗子，根本不可能兑现那些谎言，但是他们仍旧希望作为早期的投资者，自己能够收回本金，并且获得足够的利润。

还有一个臭名昭著的例子，另外一个荐股师，拥有一个毫不起眼的爱尔兰名字，外表和能力也都毫无亮点，为了推销自己，他有意取了一个引人注目的英文名字，便于兜售自己的股市建议。他给每一个客户分配了一个代码，用来传递所谓的内幕消息。他的招数其实并不高明，他宣称麦金莱（McKinley）第二次参加大选之前，股市就遭到沉重的抛压。危言耸听之下，有1500~1600名股民购买了他的荐股服务。同时，他预测布莱恩（Bryan）将会以压倒性的优势取胜，从而最终避免股市走熊。客户们当然想要避免熊市，于是在选举的时候投了布莱恩一票。大选结果出来以后，这名爱尔兰骗子受到了大众的一致谴责，这个圈子他是没法待了，于是他拿着赚到的7.5万~8万美元转到石油股圈子去推销自己的建议了。

在股票推荐这个圈子当中，还有一种卑鄙的伎俩你可以看到。那就是建议一半的客户买入股票X，同时建议另外一半客户做空股票X。如果其中一半的人亏了，那么另外一半的人就会赚。这种伎俩看起来是不是非常讽刺？但是，这种做法无疑是杀鸡取卵，很难长久。

还有一类伎俩，这些人声称自己认识某些掌握了内部消息的业内人士。但是在华尔街的专业人士看来，这类宣传只不过是拙劣的笑话而已。但直到今天，仍旧有许多人上当受骗，所谓内幕消息不过是他们制造的消息或者胡乱猜测一番而已。

还有一个有意思的事情。某次，有一家财经报纸刊登了一篇金融版面记者撰写的报道，报道说一个臭名昭著的西部荐股师即将来到纽约。这个荐股师看到这个报道后，顿感不妙，于是拿着某家股票经纪商的介绍信来到了这家报社。荐股师非常坦诚地请求报社能够网开一面，消除负面报道的影响，因为他到华尔街之后已经不再参与任何违法的勾当了，现在希望安定地生活下去。这个人此前是一个胆大包天的骗子，他从兜售内幕消息和委托理财当中聚敛了许多不义之财，他是一个典型的西部投机者，干了不少违法的勾当。此君一表人才，态度谦恭，言辞恳切，加上有权威经纪商的介绍信，报社答应如果不再从事违法行为，将不再负面报道他。

在离开报社之前，他再次向报社人员道谢，而那位此前刊发报道的记者也告诫他不能再犯，否则将承担法律责任。这位荐股师对此前的行为进行了某种程度的辩解："我此前干那些事原因非常简单，就是可以更快地获利。例如，如果我向股民们保证可以通过完全合法的渠道投资证券获得6%的利润，然后据此进行宣传，那么即便到了退休的年龄我也挣不了几个钱。但是，如果我向股民们保证，能够获利40%、50%，甚至100%，那么就有大量的散户给我寄来信息费，这些钱装进麻袋里面用马车来运也要费不少工夫。因此，我认为只有通过这种方式才能快速挣到足够的钱。我现在坦诚相告的原因其实很简单，因为我的邮箱已经被监管当局封闭了，因此无法再重操旧业了。"

此君来到纽约后不到9个月，又干起了"委托理财"的行当，报社准备曝光这一行为。于是，有一个侦探事务所创始人受此君的委托来到报社，托词说情。这位私人侦探宣称自己也致力于曝光各种骗局和违法勾当，希望替改过自新的荐股师向当初进行这方面报道的记者转达一项提议："我的委托人来到纽约后一直干着合法合规的经纪业务，尽管他采用了别名而不是真名，但他确实没有掠夺别人的财产，他只不过通过邮件接收委托理财而已。但是贵报的记者却声称要在明天的报纸上曝光他的行为。我的委托人承诺如果你同意不曝光的话，他可以立即支付你1000美元的封口费。"

报社义正词严地对这个私人侦探下了逐客令，同时警告他不要再踏足报社，其行为也会一同被公之于众。一同曝光的还包括荐股师提出的封口费。第二天整个事件的来龙去脉都被刊登在报纸上了。这个自称再不重操旧业的荐股师被公诉，超过10万美元的非法所得被没收，两家关联机构被关闭，包括一家委托理财公司和一家经纪公司。这10万多美元的非法所得究竟是怎么赚来的呢？这个荐股师宣称可以帮助投资者获得40%的收益，打着代客理财的幌子从外地散户那里骗来了这笔钱。这种骗术其实并不稀奇，早就司空见惯了。

客观全面而论，股票推荐者，或者说荐股师基本上也是靠猜为主，其具有的优势可能连好一点的券商分析师都不如。他们很难有什么内幕渠道，当然也更不可能带领

客户一夜暴富。纽约缺乏相应的监管当局和执法监察机构来彻底清理这些违法行为，这确实是需要改进和完善的地方。

第二种股票推荐者的情况与上述情形有些区别。这类股票推荐机构与华尔街提供财经新闻的通讯社也存在差别。这类股票推荐者有其价值，他们确实从满足股民的利益诉求出发，如果他们真的掌握了一条有价值的内部消息，那么他们会想方设法尽早通知客户。当然，这类机构并不是完全清白的，他们也时常与庄家串通打压或者拉升股价，诱骗散户上当，这个情形下他们提供的所谓内部消息就是危险的诱饵。

当一位睿智而成功的股票经纪人看到自己的客户正在阅读荐股师提供的信息时，心怀善意地提醒道："你为什么会关注这类信息呢？难道你不清楚？如果交易者按照这类荐股师的建议进行操作，那么即便拥有整个英格兰银行的资金，也还是会破产的！"

一位犹太裔的荐股师坦诚地向我介绍了他的业务流程和客户情况："我与股票的关系如同医生与病人的关系，我对个股进行诊断，具体来讲就是基于20多年的经验和专业的投机知识对股市和个股进行分析研究并且据此得出结论。

我当然是竭尽全力去获得所需要的各种资讯，仔细跟踪价格的波动和成交量的变化，据此调整策略。我起早摸黑地在办公室进行相关的分析研究。

整体上我看多股市，我的客户也倾向看多。他们是我的衣食父母，我离不开他们。除非股市处于恐慌性下跌中，否则我从不预测股市下跌。如果我觉得特定个股会下跌，那么我会建议客户立即卖出兑现利润。但是，我很少建议客户做空。因为根据历史经验而言，所谓的投资者是很少做空的。

我是乐观主义者，心怀疑惑也阻挡不了我的乐观。毕竟，在这个世界上，乐观者才是真正的赢家。同时，股民们需要一个引路者，他们渴望获得指引，因为他们总是心存疑虑。

在牛市中，我的指引可以让他们获利更丰厚。我也经常犯错，但是我会让客户更加关注我指引正确的时候，从而忽

围绕股市有各种利益相关者，你只有搞懂了他们的根本利益和底牌，才能更加理性客观地看待他们的言行。

按照错误的思路去操作，即便资金再雄厚，也是死路一条，而且亏损更大。

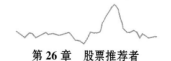

略我的错误。对于冒险激进者，我总是说些中肯的话；如果某位客户想要买入某只股票，那么我会站在他的立场给他建议，即使他亏了，也不会记得这个建议来自我，当然也不会因此而憎恨我。但是，如果他拿定主意想要买入某只股票，你却极力阻拦他，而此后该股恰好大涨，那么他可能因此心生芥蒂。

股海难测，城头变化大王旗，今天的王者或许就是明天的阶下囚。我们能做的就是尽量去满足客户的需求，让他们感到满意，沉浸其中。

上述伎俩让一些自鸣得意的金融术士一年赚到了 2.2 万美元。只有无知易于轻信的投机客才会上这种当，才会听信所谓的内幕消息和专家荐股。华尔街也对这些金融术士恨之入骨，希望铲除他们。

第27章

一个投机客的结论

什么时候和光同尘，什么时候特立独行？当市场还存在分歧时，需要顺应市场的方向；当市场高度一致时，应该逆市而行。

——魏强斌

一个投机客在对美国各大股票交易所的各类投机方式进行综合调查分析后得出了一些有关投机的普遍性结论。他将这些结论分为两种：绝对法则和相对法则。

所谓的绝对法则就是那些具有近乎永恒价值的投机法则，具体来讲就是**绝不要过度交易**。如果追求的回报率超过合理范围，那么就会导致巨大的灾难。为了获得过高的回报率，交易者会采用过高的杠杆和过重的仓位。市场稍有波动，就会导致交易者心态失衡，从而失去理性判断的能力。如何杜绝过度交易呢？

第一，绝不要采用"翻倍反向操作法"，也就是说不要在平掉此前仓位的同时建立同等规模的反向仓位。例如，如果此前是持有多头头寸，那么不要全部平掉多头仓位的同时建立同等规模的空头仓位。这样的操作有时也会取得成功，但整体上风险极高。因为如果市场再度恢复上涨，则交易者可能会平掉空头，恢复多头，反复如此则交易者会不断反向操作，最终失去信心。因此，**离场后不要急于反向入场**，否则容易被震荡市场搞得晕头转向。

假设此前做多单位1，所谓的翻倍就是指了结多头单位1，同时做空单位1，综合起来就是在空头方向上操作了2个单位。还有一种更加激进的双倍反向押注：在平掉此前头寸的同时，两倍于此前的规模反向操作。例如，此前做多1单位，那么在平掉这1单位多头之后，做空2单位。

当大众一致感到危险时，危险已近尾声，恐慌性暴跌也使得下跌行情接近尾声，这时候最容易因为恐慌的蔓延在"地板价上割肉"。要么在危机刚露出苗头，还未被大众觉察到时离场，要么在大众都已经觉察到时抄底。

第二，静如处子，动如脱兔。行动的时候要快速，一旦错过了时机要有耐心等待。具体来讲，当危险迹象刚出现时，投机客要第一时间离场。如果错过了这一时机，而大众都已经觉察到危险时，要么耐心观察继续持仓，要么了结部分头寸。

第三，**当交易者感到疑惑或者不安时，可以了结部分头寸**。具体来讲就是如果交易者对自己所做出的选择感到不安，或者对利润过于丰厚感到不安，则应该降低仓位。有个投机客向自己的朋友诉苦，在市场中的头寸让自己寝食难安，他的朋友给出了简单明了的睿智回答："将头寸降低到能够安心睡觉的规模。"

上面讲的是投机的绝对法则，下面介绍投机的相对法则。之所以称之为相对法则，是因为投机客可以根据自己的社会经济背景以及个性对这些法则进行调整。

第一，最好在上涨中买入而不是在下跌中买入。这个主张与投机者天性相悖，因为本能是越跌越买，一方面可以降低持仓的平均成本，另一方面则感觉越安全。越跌越买之后很可能遇到市场反弹，从而挽回大部分亏损，但是一旦遭遇长期持续下跌，则交易者可能会感到恐慌，最终割肉，从而遭受巨大的亏损，重挫其信心。

如何预测会出现重大上涨或者下跌呢？驱动分析加上心理分析预测，利用行为分析确认。

在上涨中买入则与上述习惯做法相反。具体来讲就是**先试探性买入，如果上涨，则稳健地加码买入**。这种投机方法需要敏锐观察和稳健操作，因为股价很可能回落到平均成本附近，这种情况出现的概率为80%，这时候需要平仓离场，否则风险会增加。剩下20%的情形则是继续上涨，通过把握这类情况交易者可以获得巨大的盈利。这种方法的整体风险很小，但是整体利润却很丰厚。当然，**最好在预测会出现重大的上涨或者下跌时才采用这种策略**。另外，拥有充足的资本可以使整个操作更加安全。

第二，做空需要充足的资金和稳若磐石的性格。因为做空很容易亏损，只有性格坚定者才能坚守自己的头寸直到最终的胜利。当然，也有一批做空者长期持有头寸最终获得了

成功，那是因为他们的头寸规模很小，他们在进场的时候相对谨慎。因为头寸小，所以情绪波动不大，能够长期持有。同时，他们在市场低迷的时候保持着良好的判断力，可以逢低买入，一直持有到行情步入上涨趋势。从严格意义上来讲，他们是投资者而非投机者。

第三，将每次买入的金额控制在合理范围之内，同时根据自己的判断及时停损或者兑现盈利。在这个过程中，遵循"截短亏损，让利润奔跑"的原则。具体来讲，就是愿意主动承担小亏损，也敢于让利润增加，当然并不是毫无顾忌地追逐暴利。**一般的交易者不愿接受小的亏损，以至于遭受更大的亏损；一心想要获取暴利，却又不敢让浮动利润增长。**

第四，要密切关注市场舆情的变化。当市场的投机氛围浓重时，需要密切关注大众的情绪和共识预期。**交易者需要恪守的一个原则是当大众的预期高度一致的时候，要敢于逆向操作。**如果大众一致看涨或者看跌的时候，你选择了随波逐流的操作，则非常危险。因为这个时候市场随时有转势的可能，而这会导致随波逐流的人遭受重大损失。有经验的投机客都明白当过多的人看涨某只股票时的危险。

采取与大众相反的操作除了需要勇气之外，也需要谨慎的判断，因为不是任何情况下都可以逆向操作的，只有当大众观点高度一致的时候才能反向操作。在逆向操作的时候，我们需要胆识和充足的资金，直面市场的波动，善于把握市场的脉动，找到恰当的进场时机。

第五，在整体市况不振的情况下，交易者应该及时卖出股票。通常来讲，一旦市场进入熊市，那么股市将持续下跌。但是，**如果市场由缩量下跌变为放量下跌，则意味着恐慌性抛售出现，这个时候交易者可以趁机逢低吸纳。**相反，在市场持续上涨之后，如果缩量上涨变为放大量上涨，大众疯狂买入，这个时候交易者应该趁机抛售。

第六，**交易者在分析市场的时候需要兼顾各种因素。**市场经验表明即便是最好的预测也会因为意外因素的出现而失

仓位影响情绪，情绪影响判断。人性的本质就是情绪化，要想完全摆脱情绪的干扰对于绝大多数人来说是不现实的，因此必须通过比如仓位调控等方式间接管理情绪。

华尔街最近十来年有一个新词形容那些共识预期高度一致的交易——"过度拥挤的交易"。除了从市场舆情的角度识别这类交易之外，还可以从合约持仓情况来判断，比如净多头头寸创出历史新高等。

关于逆向思考，可以阅读两本书，一本是 *The Art of Contrary Thinking*，作者是 Humphrey B. Neill，另一本是 *Psychology of the Stock Market*，作者是 G. C. Selden。这两本百年经典，我分别在《金融交易者逆向思考的艺术：顶级交易员深入解读》和《股市心理学：顶级交易员深入解读》两本专著中做了全面的翻译和深入的阐释。

什么时候和光同尘，什么时候特立独行？当市场还存在分歧时，需要顺应市场的方向；当市场高度一致时，应该逆市而行。

效。拿破仑在布局战争的时候会考虑到各种意外的因素，并为此做好准备。对于交易者而言，我们也必须考虑到各种可能的意外因素。真正的赢家必须经得起各种意外冲击的考验。交易者最好根据可靠的信息而不是变动频繁的信息谋划全局，然后再考虑意外因素做出备案，最后才采取行动。

投资者要获得十足的信心必然需要扎实可靠的研究，这种信心就会油然而生。对于投机者而言，信心源自可靠的交易策略。

统计数据是有价值的，但是不应该只盯着数字，而不思考背后固有的逻辑。只有从整体出发，才能更好地把握全局。当然，立足全局，厘清逻辑，并不是要完全抛弃数据，正如坎宁（Canning）所说："所谓的事实往往充满谬误，而数据往往更可靠……当你心存疑虑时，不要贸然行动。"当你半信半疑的时候，不要进入市场，等到你信心十足时，再采取行动。

第七，千言万语都不足以表明我在本章想要表达的主要意思，那就是所有的投机都应该恪守如下根本原则：行动时要保持头脑清晰和判断可靠。**保持实力，耐心等待最佳时机，然后全力给出致命一击，这才是投机的王道。**

第28章

投机的赢家与输家

当交易者醉心于捕捉市场的波动，而不是追随市场的趋势时，他将变得越来越迷茫，越来越胆小，越来越把握不到市场的脉络。

——魏强斌

投机者可以宽泛地划分为两类：投机的赢家和投机的输家。从比例上来讲，投机的赢家只占很少一部分，从任何一个股票经纪人手中的账户资料都可以看到这一点。甚至在牛市中也是如此，尽管新手可以轻松地赚钱，但是许多投机者在大盘上涨的时候仍旧在赔钱。

几乎所有的投机者都是业余的。在入市之初，他们自信满满，初战告捷往往使他们越发草率，最终的失败几乎是必然的结局。真正的投机赢家都是一步一个脚印锻炼出来的，并不是什么天赋或者运气使然。买入或者卖出股票之前可能只需要一点知识，要成为真正的赢家只能靠市场的艰苦磨炼。

一位 55 岁的证券经纪人的财富之路三起三落，退休后仅能依靠职业资质维系生计。他一针见血地指出普通投机者的症结所在："**投机客倾向于在即将开始大赚的时候卖出所有股票。**"这位自己也做投机的证券经纪人在范德比尔特（Vanderbilt）和杰伊·古尔德（Jay Gould）驰骋股市的时候进入了自己职业生涯的早期辉煌。不过，到了 1896~1902 年却输得精光。在退休前，他反思来自己的过往："当我还是一个

牛市中，新手在账面上是赚钱的，但往往难以全身而退。

当交易者醉心于捕捉市场的波动，而不是追随市场的趋势时，他将变得越来越迷茫，越来越胆小，越来越把握不到市场的脉络。如果你站在趋势的中心，波动自然会协助你；如果你追逐波动，那么就会劳心费力而难有所得。当我站在趋势一边时，好运相随；当我站在波动一边时，厄运相伴。

年轻人时，股市的格局就出现了翻天覆地的变化。随着年龄增长，我发现自己的棱角逐渐退去，勇气不再，活力锐减。对于一个自己也从事交易的经纪人而言，这是一个很大的问题。只要股市波动大，我仍旧喜欢在市场上进行交易，也能够赚到一些钱。但现在我对整个股市趋势的判断变得不再准确，我已经不再像 15~25 年前那样善于判断大势了，虽然现在许多人能够这样做。我或许没能与时俱进，以前的老方法似乎过时了，我已经跟不上时代的发展了。"

在一场有关股票投机的讨论中，一位 35 岁的犹太裔投机赢家分享了自己的经历和心得："我最初是靠纺织生意赚到了第一桶金，当我准备进入股市时，许多朋友和生意伙伴都认为一个纺织商人投机股票肯定是玩不转的。不过，结果出乎这些人的意料，我明显是一个意外。现在，只有极少数的商人没有碰过股票市场。之所以这样，是因为大量的工业股上市，使股市与商业的关系越来越密切。

当然，这并不意味着股市是一个容易获利的场所，如果你毫无经验却想要从华尔街挣钱，即便你手握百万巨资，也难逃爆仓破产的厄运。有钱在华尔街并不是什么稀罕事儿，真正稀缺的是清醒的头脑和正确的判断。**刚投机的时候，可以通过极少的资金积累经验，尝试下投机是否适合自己的个性，是否能够培养出研判大势的能力。"**

无数的经验告诉我们，投机赢家都离不开长期的实践和反思，市场是最好的学校，亏损就是交学费，只有这样才能逐渐累积起必要的经验，培养出胜任的能力。从市场老手的角度来看，丰厚的经验是交易者以交易为生的前提；只有经历了天堂与炼狱的起落，才能成为真正的市场赢家。

当然，华尔街上经验丰富的人并不一定是投机赢家。事实上，很多经验丰富的老手其实都是投机输家。一方面，许多成功的经纪人并不从事投机活动，因为他们心里清楚自己不能胜任投机。许多证券经纪公司也禁止其合伙人和雇员从事股票交易。另一方面，股评师和荐股师往往也不是投机赢

家。他们拥有的财富通常不多，如果他们对市场的预测十分准确的话，他们就不会只有这点财富了。有一项事实并不让人感到惊讶，那就是股评界到今天为止都没有诞生过一个百万富翁。

实践出真知，投机新手和业余玩家成为市场赢家，必须下苦功夫去实践，这需要向市场交学费。对于新手而言，最经济理性的做法是在早期投入最小规模的资金。例如，投机者想要本来想操作 100 股，那么最初可以尝试操作 10 股，这样他就可以利用操作 100 股的资金接受 10 倍数量的市场教育，学到更多关于解读大盘和分析个股的经验教训。另外，在刚开始学习投机的时候，不要采用过高的杠杆水平，因为高杠杆交易是导致投机失败的最常见原因。另外，也不要因为尝到了甜头而盲目地扩大交易规模，否则很可能功亏一篑。

经常有人说**华尔街是一部称重器，因为长期来看股价会接近其真实价值。**当然，**价值本身并不固定，也会随着经济的盛衰而变化。**价值最终决定了价格的趋势，但是价值的评估却颇费力气。相对而言，铁路股的价值比工业股的价值要容易评估一些。越是估值困难的股票，股价波动越大，投机者面临的风险也相应越大，特别是利用了高杠杆的保证金投机客。

渴望找到股市铁律的人可能会问：投机客能够基于逻辑推理找到投机的客观规律吗？当然，基于逻辑推理综合分析各种驱动价格的因素可以让职业投机者比毫无章法的投机者更具优势。但是，仅仅知道价格未来的趋势还不够，还需要预判到启动和结束的时机。即便如此，投机者仍旧可能因为市场的不确定性而功亏一篑，遭遇滑铁卢。

如果投机者简单地依靠自己的直觉来预判个股和大盘的走势，这种简单的分析和演绎并不会带来成功的投机，但是大部分投机客都属于这个层次。这一层次的投机客偏重盘感和直觉，缺乏全盘的分析和考虑，决策鲁莽，毫无章法，后期行情的发展往往让他们痛苦不堪。

如何少交学费多学东西呢？开一个小账户去操作。

乘势当机，王者之道。

投机者不能通过基于单只股票来臆测板块，也不能通过板块来臆测个股，否则将面临同样的糟糕结果。不要过度自信于预测市场的能力，因为无论是逻辑还是直觉都无法完全预测和演绎市场的未来。**很多关于市场的假设其实都存在这样或者那样的纰漏，局限性不言而喻。**

在股市中，实践才是真理的衡量标准，各种假设都是建立在各种可能性的基础上，与信心也有一定的关系，假设的通常含义是"应该是真实的"或者是"相信是真实的"。严格来讲，任何假设都是一种关于可能性的描述。

投机赢家非常清楚假设的本质，对于庄家和散户，他们也了若指掌，因此他们更关心可能性而不是唯一性。但是，大众却相反，他们更喜欢固守唯一性，轻信各种假设和传言，粗糙的直观判断和盲目自信的结论造成了他们的败局。

因此，投机者必须不但需要与自己的天性为敌，还需要辨明庄家的套路。如果直觉可靠，那么当然可以依靠直觉，在预感到市场即将发生巨变时，投入到一场冒险之中。但是，绝大多数时候直觉都不可靠，能够依靠直觉持续盈利的交易者屈指可数。

盘感可以借用，但是不能依靠。

直觉需要建立在全面逻辑分析和推理的基础上。普通投机者坚信自己的结论这是应该的，但前提是需要将结论建立在良好推理的基础上。**投机者需要在分析的时候综合考虑到各种因素，对格局、玩家和资金流向做出敏锐的观察。**

投机者从自己的经验中做出推理，这使其在市场上具有独特的竞争优势，因为相比其他信息来源，自己独有的经验是更加直接的信息来源。当然，**投机者也要从间接渠道获得信息，并在两者之间寻找联系和逻辑。**除此之外，投机者还可以使用类比法，当遭遇复杂情形时，先例可以提供更好的参考和指引作用，厘清迷雾。

兼听则明，偏信则暗。

人性倾向于追随一位领袖，任何情形下都是如此，股市中也不例外。大众对于领袖意见，或者传言都抱有不切实际的想法，生怕错过任何发财的机会。股市中的大众就是羊群，

他们盲目轻信，而又胆小如鼠。他们在日常生活中无比节俭，但是在股市中却挥金如土；他们平日里理性客观，但是听闻股市有白手起家的机会后就丧失了一切理智，判断力差到了极点。

一位在商场上如鱼得水的富商却是股市上的投机输家，他感慨地反思到："如果我在华尔街也像生意场一样洒脱，而不是患得患失的话，那么我在股票投机上将同样成功。但事实却相反，我在华尔街上过于贪婪，毫无节制，这是所有投机客的共同问题。"

有一位投机赢家反思了临盘决断的弊端："如果我能够坚持执行交易计划，而不是临盘改变计划，那么我会做得更好。早盘之前，我对自己的分析和交易计划抱有极大的信心，但是开盘后我却屡屡修改自己的计划，以至于面目全非，此后来看最初的计划才是最好的操作指南。"

股市中的实践与模拟有很大的差别，因为情绪在其中起了巨大的作用。部分投机者喜欢根据每日的行情走势进行模拟操作，战绩显赫，从未失手，于是他们极具自信地向周围的亲戚朋友推销自己的股票。我就碰到了这样的一个投机者，他喜欢按照股评来模拟操作，在真正投入金钱之前，他发现自己的业绩不错，他认为模拟与实践并无太大差别，无非就是买入和卖出而已。当他的模拟账户累积了大量"财富"之后，他决定投入真金白银。但是，当他真的依靠媒体上的各种股评开始操作时，情绪完全控制了他，他变得患得患失和坐立不安。

事实上，一个优秀的荐股师或者股评师，或许是一个糟糕的投机客，这是稀松平常的现实而已。**在模拟和实践之间，还有市场心理这道鸿沟等你去跨越，任何一个想要成功投机的人都必须研究一下投机的心理学。**

投机者要管理好自己的情绪和心理状态。赌棍下注全凭心情，贪婪和恐惧主导他的一举一动，而这种情绪生灭无常，来得快去得快。但是，股市上的情绪却会维持较长时间，有

股市可以催眠任何人，让其烂醉如泥而不自知。有研究指出，长期浸淫于赌场的人大脑会出现结构性变化，我想长期活动在股市中的人大脑结构也会出现结构性变化吧，类似于吸毒者的大脑结构变化。

计划你的交易，交易你的计划。

时候长达数周甚至数月。情绪会严重削弱投机者的判断力和耐心，最终殃及资金。不恰当的情绪会造成"鲁莽的输家"或是"胆小的输家"。相反，如果投机者能够维持平静的心态，保持健全的判断，那么短期的盈亏并不会影响其心态。如果情绪失衡，那么过度交易就会接踵而至，大额的亏损不可避免。

因此，投机赢家必须具备理性思考的能力以及充足的本金，同时要给市场的不确定性留下余地，因为长时间缺乏盈利机会或者连续小额亏损会让投机者陷入自我怀疑和沮丧之中。

"丧失信心"这个词在华尔街耳熟能详。投机者或许能够准确地判断出股市未来的走势，预判出市场即将走强，但是就在走强当天或者前一周对市场丧失了信心，最终成了市场上的输家。不只是业余投机客，即便是职业投机客也会出现丧失信心的情况。在某些情况下，甚至还有更糟的情况出现，比如变得犹豫不决，无法进行交易，或者是抱着希望在市场中苟活。我发现，哪怕是一些曾经叱咤风云的投机名人在失去信心后，变成惊弓之鸟，在一个财经记者的危言耸听之下不加思考地全仓卖出。

股市整体上涨的时候，交易大厅洋溢着欢笑和乐观主义；一旦市场出现下跌，交易大厅的人群变得郁郁寡欢；如果处于熊市当中，则整个交易大厅死一般的寂静。

某个规模很大的证券经纪公司，客户每年在这个经纪公司当中损失的资金巨大，这个公司的经理坦诚地说："我当然也不愿意看到客户们赔钱，但即便他们在某只股票上赚了，也会在其他股票上亏掉。股票投机的特征就是如此，赚了又赔了，我自己操作也是同样情况。虽然我现在42岁，不算老，但是如果有人开出5000美元的年薪让我另谋差事，我愿意将证券经纪公司经理的位置拱手相送。

我现在会自己进行股票投机吗？当然不会！我更想吃得香、睡得着。朋友们都认为我非常聪明，确实如此，我是很聪明。但是我并不比大多数投机者聪明多少，虽然有时候我的判断更加准确，我提供给他们的建议通常也比他们自己的观点更加有效。但是，即便他们接受了我的建议，大多数时候仍旧是失败的投机者。原因是许多人没有掌握好这个游戏的基本原则，比如只接受小额亏损。

在这一场激烈的竞赛中，大家基本上都无法发挥出自己的正常水平。特别是那些被冲动驱使的保证金交易者，他们很难控制住自己的情绪。我不会拿自己的钱来冒险，因此即便身处股市恐慌情绪蔓延之中，也不会乱了分寸。作为经理，我有责任确保公司的利益，而这自然会牺牲不少投机客的利益。不是我们想要如此，而是不得不如此。

另外，即便此前是成功的投机者，如果现在身处困境之中，那么也很难保持平静。面对亏钱或者即将破产的厄运时，极少的投机者能够保持平静，我无法让自己平静地

面对这些挑战，因此我就很容易情绪失控，从而持续赔钱。

　　还有一点，那就是盲目的追涨杀跌也会陷入到危险之中。一般的投机者会受到大众亢奋情绪的传染，从而在股价上涨的最后阶段追买；同时，他们也容易受到大众悲观情绪的传染，从而在股价下跌的最后阶段追空，这样的操作非常不合理。无论是牛市还是熊市，总有尽头，股价上涨和下跌自有其周期性。**强势的股票可能存在主力运作，当大众一致看多纷纷买入时，主力认为这正是大举出货的时机，因此跌势一触即发。极度弱势的股票跌到令大众绝望的水平，想要卖出者都已经卖出了，估值优势显现，主力很可能趁机逢低吸纳。**

　　经纪人有机会长期近距离观察投机者的心理变化，进而得出一些具有普遍性的规律。投机者的心理因素对交易绩效有明显的影响。当股市低迷时，投机者普遍缺乏信心；股市高亢时，投机者普遍自信满满。**投机者的情绪非常容易受到市场走势的影响，传言和天气也会影响到他们的心理情绪。**他们的失败大多数时候与性格缺陷有关，而经纪人一般对此洞若观火，但是当局者迷，旁观者清，投机者自己很难清楚自己的问题所在。

　　一般的投机客平时都非常自信，以自我为中心，而不是以市场为中心。通过对近千名投机客的研究，我发现普通的投机客如果因为采纳了经纪人的建议而赚钱，那么他们会归因于自己的判断力；如果亏损了，那么他们会归因于经纪人的错误建议。他们很少会反思自己，功劳总是自己的，错误却是别人导致的。从业经验丰富的经纪人对此非常了然，所以他们不会随便给自己的客户提建议。

　　以自我为中心的性格特征使得一般投机客无法接受小额亏损，因为这意味着承认他们也可能犯错。他们为了获得 1%~3% 的利润，承担 5%~10% 的亏损。但是，无论盈亏，还需要支付 0.25% 的佣金，以及 0.125% 的融资利息和 0.375% 的其他费用。佣金等手续费使投机者处于不利的位置，但是这是每一个进入股市的人必须面对的现实。普通投机者需要认识到，

　　金融市场上，不战似乎不败，但是即便你持有现金，也会遭受通胀和本币贬值的侵蚀。持有任何金融资产都有机会成本，不过价格波动风险比机会成本的影响更加显著。

　　人取我弃，人弃我取，并不是简单地逆向操作，还需要把握时机。时机出现在众人完全一致时。

如果承担大额亏损却只赚取小额利润的话，最终必然是输家，凭借感觉而不是严密的框架来判断股市是极其不理性的做法。

但是，这样不理性的行为每天都在股市中大面积上演。例如，某个投机者以 10% 的保证金买入了某只股票，如果股价上涨 1.5 个点他就会兑现利润卖出。相反，如果股价下跌 1.5 个点他或许会怀疑，但是仍旧持股期待股价反弹。虽然此后股价继续下滑，他仍旧在怀疑和希望的交替中继续持股，直到触及强平线，才不得不在经纪人的要求下卖出。

在投机的游戏中，赢家总是亏的幅度少，赚的幅度大，而输家和新手则是相反。一位新手如果步入股市后发现难以获得预期的收益就应该及时转向其他更适合自己的领域，不要白白浪费了自己的大好年华。

大众认为股价只有涨跌两个方向，买入和做空两者总有一者是赚钱的。但事实并非如此简单，我多次看到这样的情形：两个投机者通过同一家经纪公司在同一价位分别买入和做空同一只股票，最终两个人都没有挣到钱，都亏了钱。投机者 A 以每股 124.875 美元的价格买入 100 股的白糖股，投机者 B 以每股 124.875 美元的价格做空 100 股的白糖股。如果第二天该股跌到 123 美元，则 A 因为亏损而不安，于是卖出，价差加上利息 A 一共损失了 212.5 美元。

投机者 B 最初会因为自己的头寸获利而兴奋不已，因为他已经浮动盈利 1%，于是他决定继续持有空头等待市场进一步下跌。结果，两个交易日后该股没有下跌，反而上涨到了 128.5 美元，投机者 B 的空头头寸变成了浮亏 362.5 美元，由于无法忍受亏损，B 也离场了。无论是多头 A，还是空头 B 最终都以亏损收场，原因在于市场虽然只有涨跌，但是涨跌的组合却是无穷无尽的。宇宙只有阴阳，但是阴阳的组合变化却是无穷无尽的。

有庄家的股票容易出现暴跌，因为庄家想要借此迫使保证金交易者被洗出去——在主要上升波段来临前将部分投机客洗出去。当保证金交易者发现自己面临较大亏损时就不得

价值投资者往往都是非杠杆交易者，或者是全额保证金交易者。所谓的保证金交易者，指的是非全额保证金交易者。因此，价值投资者并不惧怕洗盘，如果看好一只股票，那么庄家打压往往给了更好的买入机会。

不果断地卖出持有的股票，卖出价往往低于买入价，而这正是庄家希望看到的。庄家这个时候会趁机加码，然后让股票恢复上涨势头。

当投机者被洗出来之后眼睁睁地看着股价重新上涨，他们会自我安慰说："看来我此前看涨该股是正确的，看来我的判断是正确的。难道我此前不正确吗？难道我不是看涨这只股票的吗？只是我的运气太差了，如果我能够再坚持一会，挺过股价的回调，那么我现在就可以享受上涨带来的利润了。"这种马后炮的自我辩解其实低估了庄家的反应。当股价调整的时候，有人卖就有人买，庄家也在持续观察资金的进出，如果大部分散户在下跌中不为所动，那么股价可能进一步下跌。只有当主力观察到有明显抛盘时，才会让股价出现回升。

主力的动作是基于散户的动作，主力在高位买入或许是为了观察散户跟风的热情，进而试探股价走高的潜力；主力在低位卖出是为了打压股价，观察筹码松动的情况，并且趁机逢低吸纳。投机客并未意识到参与者之间的相互影响，他们并未意识到自己的行为会影响主力的行为。从本质上来讲，**投机者认为自己可以在走势不变的情况下改变自己的行为，但实际上忽略了一旦自己改变行为，走势也会发生变化。**投机者事后的一系列想法不过是自欺欺人而已，以至于庄家很容易就能够诱导他们干一些愚蠢的事情。

如果交易者能够去一趟天天都无比吵闹的经纪公司大厅，接触下各类市场观点和理由，就会明白为什么这么多钱在股市中亏掉了。大厅里面的投机者只能被称为"猜测者"，他们大部分是抱着美好的希望在股市中操作，他们津津乐道于内幕消息，受到感情而非理性的驱使，认为自己没有时间基于逻辑和常识来交易股票。

一个交易者向他的证券经纪人下达了买入指令，以 150 美元的价格买入 100 股大都会的股票。于是这个经纪人就以 15000 美元买入了该股。当然，由于采取保证金形式交易，该客户自己仅出资 1000 美元。但是，这只股票接下来的波动可能会比较剧烈。

"你买入这只股票的理由是什么呢？"经纪人询问自己的客户。

"是我的朋友斯密斯让我买入的，他说这只股票会涨。"

"斯密斯又是谁呢？"

"他是我的邻居，他从琼斯那里获得了一些该股利好的内部消息。他的堂兄是大都会公司的总监。"

这个投机者其实并未认真调查和分析这家公司的情况，对于其财务和经营情况、未来的业绩预期都不了解，只是根据道听途说便买入了这只股票。斯密斯和琼斯一些未经证实的传言就足以影响他的操作，这就是为什么华尔街每年都有大量的投机者亏

懒惰是为了节约能量，这是远古以来进化的产物。但是在证券市场上，不恰当的懒惰会威胁到生存本身。

掉大笔金钱的原因。

总之，如果你想要从事股票投机这个行业，务必先确认自己是否适合，是否拥有市场所需要的冷静和独立思考能力。如果你真的适合进行股票投机，那么华尔街就是一座金矿，致富并不是遥不可及的事情。

第29章

做空的疑惑

资深的投机客会持续关注空头净头寸的变化，从中找出供求变化的线索，毕竟逼空走势是基于供求而非内在价值。

——萨缪尔·A.尼尔森（Samuel A. Nelson）

一位读者来信询问一些金融术语的意思，他想要知道"大额的空头头寸"（A Large Short Interest）、"逼空"（A Squeeze of Shorts）和"融券利息"（Loaning Rates for Stocks）等术语的具体含义。

这些疑问表明提问者对于做空本身缺乏足够的了解。"做空"这个专业术语最初是由投资银行家们提出来的，但是大众对于术语普遍缺乏兴趣，他们更加关心的是在股市下跌的时候可以采取哪些具体的措施。做空是股票下跌时可以采取的一种有效策略，这一策略比较高级，它出现于看涨和看跌期权之后。期权指的是买卖双方可以在合同日期之前以特定价格买卖股票的权利，但是这种策略使用起来非常不方便，基本已经被放弃了，只有在很难借到股票做空的时候才会采用期权策略。

做多比做空更简单，因此也更容易理解。在上涨中，只要两方参与就能完成交易，具体来讲就是一个买方，一个卖方。买方将资金交给卖方，卖方将资金交给买方，这个交易就完成了。

现在股票市场还有许多后台流程，比如撮合和结算等。但最基本的要素是买方和卖方。

做空则要复杂得多，这是一种股票下跌时在纽约证券交易所可以采用的做法，但是需要三方参与才能完成交易。假设要做空人民燃气公司（People Gas）的股票，该股目前在100美元水平交易，而交易者A并未持有这只股票。A首先挂出卖盘100股，交易者B看到后愿意在100美元这个点位买入，于是A立即向持有该股的交易者C借了100股，然后交付给B。B在收到股票的同时向A支付了1万美元。对A和B而言，买卖的交易结束了。但是，当A从C处借100股时，需要拿出1万美元作为融券或者说拆借股票的保证金。

此后，人民燃气公司的股价跌到了95美元，A按照这个价格从交易者D手中购买了100股，然后将这100股归还给了C。C在收到100股的同时，归还融券的保证金1万美元给A。在A和B的交易中，A利用股价下跌赚了毛利500美元。

做空过程可能存在一些障碍，如交易者A从交易者C手上借股票是否容易实现呢？如果C持有这只股票，在通常情况下他为什么愿意出借呢？因为这样出借股票的风险非常小，同时还可以使用A提供的保证金，需要支付的利息比从银行贷款需要的利息还要低。另外，如果C从银行贷款1万美元，如果是抵押贷款，则银行需要12000美元抵押品，但是如果将价值1万美元的股票借给A，实际上相当于只需要1万美元的抵押物就获得了1万美元的贷款。

在股市上，拆入和拆出股票是非常普遍的做法，这跟银行放贷一样简单。资产管理公司的客户们在融券做空方面几乎不存在什么困难，只要下达做空指令，经纪人就会尽力安排好融券的事宜。

但是，如果许多人看空某只股票，并且尝试做空这只股票，这就是导致融券需求暴增，以至于无法完全满足，这个时候融券利息就会发生显著变化。在上面这个例子当中，A向C借入股票，为此支付了1万美元保证金给C，而C需要为此支付一定的利息，但是这个利息低于银行贷款利息。如果银行贷款利息是4%，那么融券利息可能是3.5%。当许多

在A股市场上，融券利息与本书提到的融券利息存在差别，不要对号入座。A股市场上无论融资还是融券，融入方基本都需要支付融出方利息。

128

人试图从市场上借入股票时，借出股票者为保证金支付的利息就可能只有 2%，甚至更少，或者是负值，如果是负值就意味着借出股票者可以倒赚利息。

简单来讲，如果需要融券的数量较大，那么借出股票者在获得保证金时几乎是没有利息的。如果融券数量巨大，为了能够借到股票，借入股票者甚至愿意支付利息给借出股票者，也就是说交易者 A 除了让交易者 C 无偿使用 1 万美元外，还需要额外支付一笔利息给交易者 C，这就是融券利息的溢价。一般而言，日均溢价从 1/256 到 1% 不等。当然，只有极端情况下才会达到 1%。

在熊市中，融券利息溢价围绕 1% 的 1/16 波动，这意味着交易者 A 每天需要支付给 C 方 6.25 美元的利息。这笔费用需要做空者通过经纪人来支付。

整体而言，融券做空比融资做多成本更低。做多者需要支付融资的利息，而做空者在正常情况下可以收到利息，除非做空需求太大以至于需要倒过来支付溢价给借出者。如果做空者选择一只没有股息的股票做空，则优势更加明显。另外，职业投机者指数更偏好做空还有一个原因，那就是做空者需要支付的借股保证金其实是由买入者提供的，也就是 A 向 C 支付的保证金是 B 支付的买股资金。

上述这些说明有助于我们理解"逼空"的含义。如果许多人想要融券，那么借出股票的人通常就会对借入者的情况感兴趣，希望知道市场上融券需求的分布以及融券的种类。根据融券的规则，借入股票的人可以在任何时候选择归还，同时取回自己的保证金，做空者可以通过买入股票或者从其他人那里借入股票而归还此前的融券。如果这一过程出现困难，那么逼空就出现了。

当借出股票者们看到股市处于大跌时，为了避免资产进一步贬值，他们会尝试进行资产组合上的调整，这个时候他们会急于在股票进一步大跌之前收回大部分股票。这时候借入股票的人被通知要求返还股票，因此不得不寻求新的借出者，但是却可能发现市面上融券供给不足，因此不得不在市场上买入股票，供求突然逆转，股价快速回升，这就是逼空行情。

逼空行情对于空头而言是极大的危险，行情爆发力强但是持久性差，因此很难造成深远的影响。逼空行情有在一天之内飙升 10 个点的，甚至还有一天之内暴涨 30~40 个点的。整体而言，一次逼空行情的走势往往就是 4~5 个点。之所以逼空行情短命，是因为股票持有人们都清楚行情的起因，一旦股价上涨他们就会抛售，这样多头其实就是给了空头回补的机会。因此，**资深的投机者会持续关注空头净头寸的变化，从中找出供求变化的线索，毕竟逼空走势是基于供求而非内在价值。**

逼空走势会引发空头竞相踩踏，称得上是灾难，但是发生的频率却极其低。逼空

行情往往是因此过度的做空以至于做空数量超过了实际上的股票数目，从而导致做空者无法获得足够的股票来归还，这使多头们可以趁机哄抬股价。理论上而言，期货空头容易在临近交割时被逼空，但是现在这种情况较难发生了。在股票市场上，最近发生的逼空事件是在北太平洋铁路公司（Northern Pacific）的股票上发生的。逼空行情导致做空者遭受极大的损失，为了避免这种情况，股市上的大投机客们屡屡批评逼仓的做法，他们或许会联手给交易所施加压力，阻止逼仓的发生。杰伊·古尔德（Jay Gould）于 1884 年在密苏里太平洋铁路公司（Missouri Pacific）的股票上进行了一次较短时间的逼空操作，但是他坚决反对任何较长时间的逼空发生。

现在，大多数股票的股份分散程度很高，加上流通盘巨大，因此做空比以前更加安全了，但是交易者仍旧需要提高警惕。整体而言，做空的风险并不比做多的风险大。只是做空数目低于 100 股在融券时存在困难，因为经纪人往往都是借入 100 股的整数，而非 20 股或者 30 股。

大众恐惧且厌恶股市下跌，因为他们大部分不了解股市中的做空操作，还有一些人本能地排斥介入下跌中的股市。即便是职业交易者也会对此厌恶而不是利用股市下跌。但是，如果你想要成为一个合格的交易者，那么就必须克服这样的厌恶，努力学习如何在熊市中操作，因为熊市往往比牛市持续更长的时间。因此，**交易者至少在一半时间当中应该是一个做空者**。

大众经常说做空挣不到钱，这样的观点是在国家经济整体向上，同时资产重组热潮兴起的背景下产生的，蓬勃发展的经济加上重组带来的利好使做多者即使被套也有机会解套。但是，这个观点并不是放之四海而皆准的，因为大部分人并没有从股票上涨中获利，既然如此，也没有什么理由可以阻止人们尝试从股票下跌中获利了。

第30章

坐 庄

当垃圾股普遍上涨时，牛市往往就接近尾声了。

——萨缪尔·A.尼尔森（Samel A. Nelson）

一个富有经验的市场主力是这样描述在股票上坐庄的机制和过程的："坦白来讲，除非股价显著上涨并且已经处于高位，否则散户根本不知道一只股票价值几何。市场经验表明，散户在股价处于低位时并不会觉得便宜，反而在股价已经涨得很高后才会意识到该股的价值。证券交易所的一些主力能够识别出股票是否处于被显著低估的位置，也就是说股票的价格显著低于其内在价值。对于投机而言，价值除了内在价值之外，还要考虑未来的预期，以及由交易产生出来的价值。

主力坐庄时还需要具备两个常识，第一个常识是部分股票的大股东是变化的，而且这些大股东同时持有许多股票；第二个常识是股权分布是可以计算的，散户的平均持仓成本也是可以计算的。

庄家在运作股票的前期，为了避免出现替其他资金抬轿子，或者出现大户砸盘的情况，第一步是要将其他机构持有的筹码收集过来。如果某些大资金持有的股票处于可流通状态，则庄家需要与持股者达成共识，同时在合理的价位上有计划地吸纳足够的筹码。要在低位拿到足够的筹码就必须将股价控制在特定区域内。在某些情况下，还可以利用大盘的

如何计算一只股票重量级玩家的筹码数量和持仓成本呢？靠筹码分布之类的技术分析指标肯定是不行的。大资金的筹码和平均成本一般可以通过龙虎榜、盘中成交大单和F10（键盘功能键）等数据来推断和计算。

调整诱导散户亏本抛售。

当主力试图收集筹码时，会利用各种态势，迫使散户卖出，有时候也会迫使公司的内部持股人卖出。为了促使股价下跌，庄家会频繁常用对倒的方式打压股价，左右手互倒。当股价被打压到相当低的位置之后，真实的成交量也萎缩到了极点，这就是阶段性底部了，庄家会从这个点位开始以吸纳筹码为主。

庄家不太可能完全依靠自己的资金去运作，他们还会从外部融资。因此，融资成本对坐庄影响很大，而货币市场的前景对融资成本有直接的影响。除非货币市场前景稳定，至少不会出现利息上涨趋势，否则庄家不会考虑操作。主力或者说庄家会雇用货币市场经纪人负责外部融资，主要是从银行获得大额的活期资金。主力会以股票作为抵押品从银行获得资金，这种贷款的利息很高。不过，运作股票的利润也很丰厚，前提是操作正确。

主力机构一般都设有专门的媒体公关部门，负责做好舆情制造和引导的工作。这实际上是所有庄家都会重视的工作。这个部门不但要将一些传言和消息发送出去，而且还要避免大众一来就产生质疑。这些工作往往由与各大媒体关系密切的人负责，然后通过这些媒体将刻意捏造或者筛选的信息播散到全国范围内。如果媒体公关部门成功地完成这些任务，则有丰厚的提成。

与庄家协作的媒体和股评人士会在消息传播前守口如瓶，等到恰当的时机再向公众解释股价上涨或者下跌的原因，其实这些解释不过是为了引导散户的思想和行动而已。华尔街对这些伎俩耳熟能详，但是仍旧有不少人上当受骗。

庄家在交易所的操作毫无二致，当他们向各类经纪人下达买入指令，时而低调，时而高调。下达卖出指令的时候，也是类似情况。经纪人忙于撮合买卖订单，因此缺乏时间和精力去跟踪特定的买入和卖出行为。

如果故意散布的消息开始引发大众的参与热情，那么庄

主力故意做给你看的和故意不给你看的，前者叫误导，要反过来理解，后者叫掩盖，要深入去挖掘。

家运作的时机就成熟了。证券经纪人开始收到散户关于这只股票的密集询价，但是许多人并不敢跟进。睿智而富有市场经验的经纪人看出了主力的马脚，于是建议客户买入。不过，这类建议往往被客户忽略。散户们此时仍旧保持着怀疑的态度。主力继续按照计划行动，他们大量买入，少量卖出，这些交易有些是自然的成交，有些是对倒。大部分经纪人都看不出两种性质成交盘的区别。总而言之，庄家通过消息和成交量让大众逐渐开始关注这只股票了。随着利好越来越多，股价持续上涨引来了更多的参与者。

追涨的跟风盘越来越多，股价通常会大幅上涨。当大众的情绪极端亢奋时，主力准备抛售离场了。这时候媒体公关部门会配合造势，进一步释放大量利好消息，次日一旦各大证券交易所开盘，趁着散户买单活跃的时候，主力抛出大量筹码，但此时主力并未完全脱手。主力在抛售的时候，也会买入，这样就可以稳住市场的情绪。巨大的成交量下的上涨吸引了大众的疯狂买入，慢慢地大众变成了主力，而庄家变成了配角。当股价被大众推高到离谱的价位时，庄家趁机完全脱手，清空全部筹码。为了顺利离场，主力会通过各种渠道发布各类利好消息——分红派息、并购重组等。

查尔斯·H.道（Charles H.Dow）先生曾经专门剖析过"坐庄（操纵）"：从更宽的角度来讲，证交所的成交量代表着供求的均衡，但是大众的交易只占了很小比例，主力和庄家占了大部分的成交量。他们操纵个股以便获得丰厚的利润。

股票交易通常可以分为两种类型，第一种是专业机构进行的股票交易，第二种是普罗大众进行的股票交易，两者之间存在很大的差别。专业机构包括操纵市场的庄家，以及以交易为生的职业人士。而普罗大众则包括普通的散户以及接受散户委托进行理财的伪专业人士。专业人士持续关注股市，基于逻辑和系统进行交易，业余人士则毫无章法，易受情绪影响，操作手法不稳定。

庄家通常与大手笔交易有关，也就是大额买入或者大笔

题材和大盘是主力运作的好帮手。

罗伯特·雷亚对查尔斯·道的论述进行了编辑和整理，结集成册，取名为《道氏理论》，其中有一章取名为"操纵"，我翻译出来放在附录当中，可以与本章对照起来阅读和理解。

卖出。普通散户则只能进行数额有限的买卖。庄家在大众一致看多的时候卖出，在大众一致看空的时候买入。庄家运作股票时最关注的对手盘是散户，散户而容易受到股市整体涨跌的影响，庄家则会利用这点诱导散户的行动。

如果某家大财团发现需要通过出售股票来获得1千万美元的现金，那么它就会雇用资深的操盘手来运作这件事情，诱导大众在较高的价位上买入，而上市公司则需要散布利好以便配合股价的拉升。

在善于运作股价的操盘手看来，不同上市公司的质地与股票的估值之间存在差异，但是坐庄的方法却是差不多的。在拉升股票的过程中，需要散布一些利好消息，让大众信以为真，引发跟风买入行为，要做到这点需要经纪人和新闻媒体的配合。

同时，操盘手还会故意散布一些消息给周围的朋友，告诉他们这只股票的交投活跃马上就要大涨了，引发专业人士的关注和跟进。之所以专业人士愿意介入，是因为他们知道庄家运作的股票往往都会出现较长时间的上涨，因此这个时候介入也是安全的。资深的操盘手明白赚钱示范效应的影响力，因此他会借助各种渠道传播购买这只股票的赚钱案例。总而言之，对于庄家来讲，在早期买入确实只承担了较小的风险，但是却能够获得极大的利润。

庄家的操盘手必须让所运作的股票始终处于交投活跃的状态，具体来讲就是操盘手每日必须买入或者卖出一两万股的水平上，这样才能维持该股的人气。市场处于分歧状态时，大众更喜欢逢低买入，当市场处于亢奋状态时，大众却敢于追涨。因此，操盘手必须善于洞察大众的心态，拿捏好股价涨跌的节奏。

控盘力度越强，则主力的成交量占比越大，而散户的成交量占比越小，但是活跃的成交表现仍旧可以吸引不少的散户，勾起他们参与其中的兴趣。通常情况下，散户会谨慎地少量买入，如果股价继续上涨，他们的信心就来了，因此大量加仓买入。但是，庄家基本清仓之时，股价就见到顶部了，而散户大部分还蒙在鼓里。

在股市中，散户懵懵懂懂的情况时常发生，这是主力故意诱导的结果。当主力想要进场吸纳筹码或者离场兑现筹码时，就会采用各种手段误导散户。另外，主力的操盘手非常清楚一点是拉升少数几只龙头股可以试探大众跟风买入的兴趣。如果大众闻风而动，蜂拥进入股市，那么整个市场就会显著放量；如果大众没有跟风买入，那么主力就会放弃拉升龙头股，转而等待更好的时机。

要想成为股市的赢家，无论是专业交易者还是业余交易者都必须遵循相同的法则。**当某只股票交投活跃引起参与兴趣时，交易者首先应该考虑股票的内在价值，但即便是估值没有优势的个股如果交投活跃也可以参与投机。**如果股价呈现疲态，那么卖出

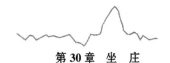

或者做空才是更加明智的做法。如果股价显著高于内在价值，则需要谨慎买入，同时设定相应的停损单，防止股价大幅下跌危及本金安全。

通常来讲，庄家运作股价有其特定的目标，对于即将增发的股票而言，运作的目的是获得理想的增发价；有分量的利好出现后故意打压股价是为了洗盘，同时收集筹码；长期利空消息出来后短期内维护股价是为了迷惑市场，让大众以为利空兑现，其实是为了主力出逃争取时间；短期利空消息出来后顺势打压股价，也是为了迷惑市场，在大众以为股价疲弱，其实是趁机吸纳筹码。

整体来讲，做空股票的前提是估值显著过高。如果个股因为估值显著过高被做空的话，在主力做空结束之前，或者跟风做空者大规模回补之前，买入这类股票都是不理性的行为。

查尔斯·H.道先生进一步剖析了一些有关股市操纵或者说坐庄的细节和内幕：股票波动基本可以分为两种状态——发散和收敛。发散状态下，股性活跃，而这往往是由于主力的介入为引发的，加上后续运作和大众跟风买入，股价维持活跃状态。职业投机者和散户也倾向于追随主力买入。

主力操盘手和普通散户的最大区别在于，前者会借力和乘势。 操盘手会尽量利用各种有利的条件进行运作，比如潜在重大利好充分释放之前，他会悄悄建仓，震荡推升股价，当股价处于高位时，利好也被大众充分挖掘到了，这个时候操盘手把筹码倒给散户。在这个运作过程中，操盘手是否能够引导散户按其意愿行事是成败的关键。

大部分情况下，**游资推动的强劲上涨会引来散户的跟风盘**，这就帮助了主力操盘手完成股价上涨的工作。**职业投机者则倾向于在上涨时买入，而不是在下跌时买入。机构投资者往往是在下跌时买入，而在上涨时卖出。**

华尔街一个资深的操盘手说，任何具有一定估值优势的蓝筹股只要庄家愿意支付平均为 25 万美元的造势费用，操盘

投机看题材，投机看人气。有题材，并且成交活跃，那么就可以投机。如何看题材？参阅《题材投机：追逐暴利的热点操作法》一书前面部分的相关章节。

借力，而不斗力；乘势，而不逆势。

龙虎榜主要是看游资。游资以游击战的打法为主，而狭义上的庄家则习惯打阵地战。

手都可以将股价推升到较高的水平。

25 万美元主要用于媒体公关，营造有利于股价上涨的舆情。证券市场的交易法规肯定不允许媒体直接诱导散户去高位为主力接盘，但是却无法禁止媒体诱导散户买入，这样主力就可以趁机卖出。证券经纪人撮合了买家和卖家，其中虽然有虚假的对倒交易，但是并未直接违法相关法规。

除了操纵个股之外，整个股市也可能被操纵。要操纵整个股市，就需要对龙头股为主的大部分个股进行炒作，因此比操纵单只股票要复杂得多，需要许多机构协同运作。通过拉升龙头股并且配合媒体宣传，可以制造牛市氛围，从而显著提高交易活跃度，进而让整个股市处于被运作的状态。

牛市中的股市运作，庄家往往会先选择 2~3 只股票作为龙头，保持这些股票的活跃度，让大众关注到这些股票的大幅上涨。要激发整个市场的做多人气，需要认真选择龙头股。一般龙头股会选择优质股票，因为其中有不少专业机构可以协同运作，同时流通盘不能太大。圣保罗公司（St. Paul）之所以经常成为龙头股，就是因为符合上述要求，另外岩岛公司（Rock Island）和西北铁路公司（Northwest）也是如此。

当蓝筹股被主力拉高了 5 个到 10 个点之后，主力会抛出这类股票转而买入二线股，因为大众不会追买已经大幅上涨的高价股，而会选择股价较低的二线股。等到这些二线股也涨到高位后，主力会抛出转而买入低价股，类似于伊利铁路公司（Erie）这样的垃圾股，因为该股的股权价值几乎为零。**当垃圾股普遍上涨时，牛市往往就接近尾声了。**

低价股被抛售时，牛市彻底结束了。在新一轮的牛市中，上述轮回再次出现，先是拉升优质股，然后是二线股，最后是垃圾股。

第31章

5 次股市恐慌的统计数据

统计学和概率论、社会心理学是高级交易者的必修课。

——魏强斌

　　我在本章中将给出 5 次股市恐慌时龙头股的波动数据，这 5 次恐慌发生的时间依次是 1873 年、1884 年、1893 年、1895 年和 1901 年。下列表格给出的最高价具体是指恐慌发生前一天或者前几天股价波动的最高价，最低价具体是指股市恐慌发生期间触及的最低点。涨幅指的是恐慌结束后几天或者一周内股价相比最低点的回升幅度。

　　我们先来分析 1873 年这次股市恐慌，这被认为是最为严重的一次股灾。当时股市处于崩盘状态，以至于纽约证券交易所不得不宣布休市。除了湖畔酒店（Lake Shore）和西联汇款（Western Union）两只龙头股出现暴跌之外，其他龙头股的跌幅都不太大。股市恐慌性下跌是此前股市狂热投机的自然结果，最终在星期六发生了暴跌。在这波恐慌中，9 只龙头股的平均跌幅为 10.32%，如表 31-1 所示。

　　在 1884 年的恐慌性下跌中，龙头股的整体下跌幅度比较大（见表 31-2）。从 5 月 13 日到 16 日，多只龙头股下跌了 8 个到 15 个点。但是，恐慌性下跌仅仅持续了 2 年，此后许多股票的回升幅度达到了跌幅的 0.675 倍。

表 31-1　1873 年股市恐慌的统计数据

上市公司	最高价	最低价	跌幅	涨幅
N.Y.Central	95	89	6	6
Erie	56.125	50.75	5.375	2.375
Lake Shore	88	68	20	11
Wabash	50	42.5	7.5	7
Rock Island	95	86	9	10.25
St.Paul	37.5	30	7.5	5.5
Lackawanna	92.5	86	6.5	7.125
Western Union	76	54.25	21.75	19.25

表 31-2　1884 年股市恐慌的统计数据

上市公司	最高价	最低价	跌幅	涨幅
Lake Shore	94	81	13	8.75
Rock Island	116.25	109.5	6.75	6.25
St.Paul	77	65	12	7.875
Burlington	118	114.25	3.75	3.75
Louisville	44	30.25	14.75	5
Missouri Pacific	80	65	15	7.5
Union Pacific	50	41.5	8.5	3.875
Western Union	60	51.75	8.25	5.875

从整体的龙头股下跌幅度来看，1893 年的股市恐慌并不算严重（见表 31-3）。有 13 只活跃股平均下跌了 7.34%，其中只有少数跌幅超过了 10 个点。表 31-3 中列出的三只龙头股下跌了 7 个到 9 个点，在恐慌结束后它们回升的幅度都超过了跌幅。

表 31-3　1893 年股市恐慌的统计数据

上市公司	最高价	最低价	跌幅	涨幅
Burlington	74	69.25	4.75	10.75
St.Paul	52	46.375	5.625	9
Rock Island	58	53	5	8.25
Louisville	53	47.5	7.5	10.125
Missouri Pacific	23	16.5	6.5	6.5
Sugar	73	66.75	6.25	8.375
Chicago Gas	53	43.5	9.5	8.75
Western Union	75	67.5	7.5	10.625

1895 年委内瑞拉危机引发了股市恐慌，这次恐慌的程度与 1873 年和 1884 年相仿。15 只活跃股平均下跌了 9.72%，大部分股票的跌幅超过了 10 个点。恐慌结束后，反弹出现，幅度大约为跌幅的 2/3。部分活跃股的统计数据参考表 31-4。

委内瑞拉逐步摆脱了西班牙的殖民统治，在 1830 年单独建国。委内瑞拉的东部是圭亚那地区，英国、法国和荷兰分别在几个独立的区域建立了自己的殖民地。根据 1814 年的《伦敦条约》，荷兰将其在圭亚那西部的殖民地割让给了英国。因为圭亚那西部和委内瑞拉接壤的边界是未开发的森林和荒野，所以界线模糊，英国和委内瑞拉由此发生领土争端。两国在 1887 年断绝了外交关系。1893 年委内瑞拉新总统重新把希望寄托于美国的干涉。1895 年 4 月 5 日，英国正式宣布奥里诺科河口三角洲地区为英国所有，激化了两国矛盾，并引发美国介入，这就是委内瑞拉危机。

表 31-4　1895 年股市恐慌的统计数据

上市公司	最高价	最低价	跌幅	涨幅
Burlington	199.875	178	21.875	14.5
St.Paul	72.375	60.5	11.875	7.5
Rock Island	72.5	59	13.5	10
N.Y.Central	98	90.5	7.5	7.25
Louisville	49.125	39	10.125	6.25
Missouri Pacific	27.625	19.5	8.125	6.25
Jersey Central	105.5	93	12.5	8.25
Sugar	100.5	92	8.5	7.875
Chicago Gas	68.5	57.5	11	7.875
Western Union	88.25	82.5	5.75	4.25

1901 年股市也发生了恐慌性下跌，活跃股的波动情况参考表 31-5。与之前几次股市恐慌相比，这次股价下跌的幅度更显著。圣保罗公司（St. Paul）、曼哈顿公司（Manhattan）等活跃股在这次恐慌期间的跌幅高达 40 个点（见表 31-5）。其中几只股票在 5 月 9 日的跌幅占了整个跌幅的超过一半。

这些活跃股在暴跌后快速反弹，幅度惊人，在短短一个星期之内，联合太平洋铁路公司（Union Pacific）在下跌了 57 个点之后，快速反弹了 47.5 个点，而密苏里太平洋铁路公司（Missouri Pacific）则在下跌了 44.75 个点后，快速反弹了 36.5 个点。

恐慌性暴跌后出现大幅回升的概率很高，国内外金融界都有许多类似的学术研究结论。

股市恐慌突然发生后又突然结束，令大众错愕。不过，大跌后的快速回升，使恐慌并未恶化成股灾。恐慌结束后，如果股价并未在短时间内恢复到此前的高度，那么必然给大众留下心理阴影。

5月9日的股市巨幅震荡表明，虽然当时的持股并不分散，证券公司抵抗风险的能力仍旧足够，不过当时的恐慌仍旧引发了抛售风潮。

从历史数据来看，如果日均成交量高达200万到300万股，那么股价出现大幅波动的概率就显著提高了。这是因为股价的波幅与成交量的大小之间有显著的关系，一旦多空双方的力量平衡被打破，也就是巨大成交量出现了，则价格必然出现大幅波动。

表 31-5　1901 年股市恐慌的统计数据

上市公司	最高价	最低价	跌幅	涨幅
Atchison Co.	90.25	43	47.25	33
Burlington	199.625	178	21.625	14.5
St.Paul	188	134	54	29.5
Rock Island	169.875	125	44.875	28
Louisville	111.5	76	35.5	27.75
Manhattan	131.75	83	48.75	32.75
Missouri Pacific	116.75	72	44.75	36.5
N.Y.Central	170	140	30	15
Union Pacific	133	76	57	47.5
Amalgamated Copper	128.5	90	38.5	32
Tobacco	130.875	99	31.875	25.75
People's Gas	119.5	98.5	21	13.25
U.S.Steel Co.	55	24	31	22

几轮牛市的终结

无论何时，流动性分析都是预判股市大势必不可少的环节。

———魏强斌

1902 年秋天之前，股价普涨，纷纷创出历史新高。此后，股价陡转，纷纷持续下跌，牛市终结了。1902 年秋天的情形给大众留下了深刻的印象，下面我们就来回味一下这段历史。

1901 年前 4 个月的情况与 1881 年的情形很像。伯林顿—昆西铁路公司（Burlington & Quincy）上涨了 22.5 个点，西北铁路公司（Northwest）上涨了 17.75 个点，圣保罗公司（St.Paul）上涨了 28 个点，路易斯维尔铁路公司（Louisville）上涨了 59.5 个点，纽约中央地铁公司（N.Y.Central）上涨了 27.5 个点，巴拿马铁路（Panama Railway）上涨了 60 个点，西联汇款（Western Union）上涨了 57 个点。

一个倾向于谨慎的市场评论家这样评价 1881 年的资本市场："现在这个时代，资产并购成了最具魔力的词汇。如果以 20 美元每股叫卖两只乏善可陈的股票，几乎无人问津。但是，如果将这两家上市公司兼并重组，那么股价就会暴涨，涨到 40 美元，甚至 50 美元。如果再拆分股票，1 股拆分为 2 股，每股仍旧定价为 20 美元，那么市场仍然愿意接受这样的定价，这简直不可思议。这类例子比较极端，但是一个普遍的事实是许多公开发行上市交易的股票从未分红派息，而且未来也没有分红派息的可能性，企业发展前景一般，即便这类股票现在的价格也在 60 美元到 100 美元。去年，当这些股票在 20~40 美元交易的时候，大众还觉得价格过高。" 1901 年到 1902 年的股市与此相仿。

1881 年 7 月 2 日，美国总统加菲尔德（Garfield）遭到刺杀，大约一周之后，"铁

詹姆斯·艾伯拉姆·伽菲尔德（James Abram Garfield），美国政治家、数学家，生于俄亥俄州。美国共和党人。南北战争期间加入北方军队，与南方奴隶制军队作战，拥有少将军衔。1880 年加菲尔德当选为第 20 任总统，他是美国首位具有神职人员身份的总统。就职仅 4 个月即遭暗枪，是美国第二位被暗杀的总统。他在数学方面的贡献主要是在勾股定理的证明方面的新成就，他也是美国历史上唯一一位数学家出身的总统。1881 年 7 月 2 日被刺杀，但是到了 9 月 19 日才去世。

业绩、风险偏好和流动性是分析股市大势的三个基本要素，这个一定要牢记于心。至于舆情和仓位，以及技术指标往往是用来确认趋势和阶段的工具而已。

路运费价格战"（Railroad Rate War）爆发。这些事件成了导火索，引发市场的恐慌情绪，股市突然崩盘。到了秋天的时候，股价普遍下跌了 10~20 个点，跌幅较大。

1901 年的许多方面与 1881 年类似，而 1902 年许多方面则非常像 1882 年。1882 年的股市繁荣出现在下半年，在盛夏时节，上涨幅度超过 10 个点的股票并不多。到了 9 月的时候，个股初步呈现出主升浪开始的征兆，活跃个股就处在新高位置，例如，新泽西中央铁路公司（New Jersey Central）的股价位于 33 美元，圣保罗公司（St.Paul）的股价位于 24 美元，拉克万纳铁路公司（Lackawanna）的股价位于 34 美元，伊利诺伊中央铁路公司（Illinois Central）的股价位于 23 美元，曼尼托巴铁路公司（Manitoba）的股价位于 58 美元。不过，直到当年 11 月，大多数股票的价格都没有太大的反应。市场出现了一些有关庄家范德比尔特（Vanderbilt）的传言，而这些传言是利空铁路股的，部分股市参与者因此嘲笑那些看涨的观点。

同年 11 月 18 日，**大众开始认识到了货币市场处于宽松状态，流动性有助于股市上涨**。到了 11 月 20 日，也就是星期一，股市大涨了 20%，后期涨幅甚至高达 30%。由于信贷市场火爆，使银行储备余额很快就不足了，财政也出现了 300 万美元的赤字。一本当时的杂志这样描述了当时的情景：

"股市的波动变得非常剧烈，似乎到了濒临本盘的边缘。铁路运费的价格战以及钢铁贸易的争端是金融市场恶化的两个肇因。几年前，由于铁路建设的热潮加上铁轨进口的关税壁垒，国内铁轨生产处于繁荣期，使铁轨制造商攫取了丰厚的利润。因此，很早之前有识之士就预测如此高的利润是无法长久维持下去的。"

形势的发展果如所料，到了秋季的时候，经济步入到明显的衰退状态，许多铁轨制造的行业巨头纷纷破产倒闭。到了当年末，铁路相关公司的股价比第三季度下降了许多。例如，伯林顿—昆西铁路公司（Burlington & Quincy）下跌了 19

个点，拉克万纳铁路公司（Lackawanna）下跌了 23 个点，纽约中央地铁公司（N.Y.Central）下跌了 11 个点，联合太平洋铁路公司（Union Pacific）下跌了 18 个点，曼尼托巴铁路公司（Manitoba）下跌了 22 个点，普尔曼公司（Pullman）下跌了 23 个点，俄勒冈导航公司（Oregon Navigation）下跌了 25 个点。

1885~1886 年，1890~1895 年，牛市一波接一波。而**这些牛市的终结往往都是因为货币紧缩引发的**。在这些牛市泡沫中，最为著名的是一次涉及布鲁克林捷运（Brooklyn Rapid Transit）。在现在看来，这一次牛市的主角竟然是一家捷运公司，当时，整个证交所也为投机风潮的兴起起了推波助澜的作用，因为证交所热情向投机新手传授各种技巧。在这波牛市中，布鲁克林捷运上涨了 60 个点，其他铁路股也纷纷跟风上涨，如伯林顿铁路上涨了 25 个点，新泽西中央铁路上涨了 25 个点，拉克万纳铁路公司上涨了 36 个点，曼哈顿公司上涨了 81 个点，而纽约中央地铁公司上涨了 20 个点。这次牛市的重要庄家之一在 5 月 13 日突然死亡，遗嘱执行者并未在其保险箱中发现其所操作股票的凭证，他已经在高点附近将所有运作的股票抛售一空了，但是不明真相的散户却仍旧持有这些股票，甚至还在加码买入。龙头股在一天之内就下跌了 37 个点，此后再也没能回升到此前的高点。曼哈顿公司从前期高点下跌了 28 个点，大多会下跌了 54 个点，其他一些铁路股基本都下跌了 15 个到 20 个点。其他一些在牛市中表现不俗的新兴行业个股也在牛市崩盘时下跌了同样的幅度。

到了 1899 年的股市繁荣，最让人感到有意思的新形势是货币市场对股票市场的负面影响变小了。

无论何时，流动性分析都是预判股市大势必不可少的环节。

第33章

交易即将发行的股票

当所有人都认清了某些盈利机会时，盈利机会就不会存在了，甚至会成了"坑"。

——魏强斌

1895 年 2 月 19 日，摩根—贝尔蒙财团（Morgan-Belmont Syndicate）购买了即将发行的年利率为 4% 的公债，开启了对即将发行证券进行交易的做法。但是，这类做法早就在欧洲流行了。

为了能够在新证券发行时抢得先机，许多参与者想到了在发行前提前认购。在认购时，参与者愿意支付的价格成了定价的基础。认购那些即将上市的股票成了一种新的证券交易方式。摩根和贝尔蒙两位财阀联手以上市前认购的方式，花费 6231.5 万美元买入了年率为 4% 的公债。他们认为，这些在境外发行的公债短时内不会在国内再度销售，这样做的话就有悖于公债发行的目的了。但是，国外的证券经纪人都是运作计划上市证券的资深人士，因此在美国财政部正式发行第一批债券之前，许多人都已经大幅加价倒手这些还未正式上市的债券了。其实，这些人并未有见到自己倒卖的债券，他们交易的其实是还未到手的债券，他们利用合同来规范这类交易。

摩根和贝尔蒙联手在 104.5 美元买入这些计划发行的公债，并且在第二天就以 112.25 美元的价格抛售。到了 2 月 25

一级市场和二级市场的参与者从来都是不平等的。一级市场吃肉，二级市场喝汤的格局很难改变。

股票投机指南：顶级交易员深入解读

日，也就是他们抛售后的第 5 天，这些公债开始在证交所的未上市部挂牌交易，开盘价为 118.125 美元，比摩根他们抛售的价格高出了 5.875 美元。临近周末的时候，这些公债的价格已经涨到了 119.375 美元。等到第一债券于 3 月 14 日在交易所正式上市之后，其价格从未超过 120 美元。

这类交易具有极强的投机属性，当挂牌交易前大多数交易者都无法在 112.25 美元买入，只有等到非正式挂牌交易之后他们才可以在 118 美元附近买入。为什么他们愿意在 118 美元这样的高位买入，因为他们误以为当债券正式挂牌交易的时候还会涨得更高。由于抱着这种心态，他们在正式挂牌之前疯狂追高，以至于后期并未获得什么利润。

对计划发行上市的公债进行提前交易的做法开阔了美国证券交易者的眼界，他们认识到了可以参与一级市场甚至更早阶段的交易。后来，当北方太平洋公司（Northern Pacific）、雷丁公司（Reading）、艾奇逊公司（Atchison）等铁路公司陆续并购重组的时候，计划发行证券的认购交易已经成了布劳得大街（Broad Street）的主要业务。

国外的投资银行家们是套利和外汇交易的精明生意人，他们对于计划发行债券的认购也有长期的经验。一位国外的投资银行家告诉我，在证券正式发行之前的认购可以获得 2.5 万~5 万美元的利润。

> 当所有人都认清了某些盈利机会时，盈利机会就不会存在了，甚至会成了"坑"。

北方太平洋铁路公司发行前的认购让许多参与者大赚了一笔，但是艾奇逊公司的股票却让参与者遭受了一些损失。交易者需要充分估计到股票正式上市的日期，这样才能准备足够的保证金应对融资利息的支付。艾奇逊公司的正式上市交易时间大大推迟了，以至于许多融资认购者支付了很长一段时间的利息。

美国钢铁公司在布劳得大街的计划发行前的认购交易情况更能说明这类交易的意义和影响力。因为发行前的认购交易确实影响了联邦钢铁（Federal Steel）和制钢电线公司（Steel and Wire）等数家子公司的股价。有好几天的时间，母

公司的股价与子公司的股价的兑换关系难以确定，因为大众无法确定认购交易的价格，这使得子公司的股价剧烈地波动。不过，诸多事实表明如果交易者在发行前认购股票则容易获利，但是就实际操作而言，仍旧存在许多的限制性因素，使发行前的交易存在诸多困难。部分交易者对于场外交易和场内交易之间的套利缺乏足够的经验，本来预计期间会存在 4~5 个点的利润，但是等到他们意识到财团和庄家已经控制了期间的套利交易时，他们才发现很多交易并不像想象的那么容易。

认购计划上市的股票存在不少风险因素。旧金山公债与美国钢铁债券便是其中较为典型的例子。实际上，发行计划和方案出现变化，甚至取消发行上市计划的风险始终存在，有一个更为臭名昭著的案例是数年前英国政府宣布准备发行印度公司新股，由此导致发行前的认购交易火爆，但是政府此后取消了发行计划，导致所有的认购交易都泡了汤。

资深荐股师的心髓

当所有人都做空时，你要做多；当所有人都做多时，你要做空。

——萨缪尔·A.尼尔森（Samuel A. Nelson）

在股市评论者看来，股市总是花样百出，从不令人倦怠。但是，作为股市指南的股市评论者或者说股评师、荐股师，往往都是马后炮，其可靠程度大都不及诚实的经纪人。然而，也有一些资深的荐股师和股评师，他们确实有一些干货值得我们去学习。下面是这些资深荐股师的经验集锦，大家可以自行甄别其真伪和价值。

资深荐股师的第一个心得：华尔街是一场大博弈展开的场所，博弈是交易的本质。在证券交易所中九成以上的交易都是投机性质的，赌注压在了价格涨跌上。与此同时，九成的波动来自主力的运作和投机者的行为，而不是基于资产的内在价值和宏观变化。作为一个农业占较大比重的国家，农作物收成如何与我国的经济密切相关，因此应该是股市走势的重要决定因素之一。但是，华尔街那些主力竟然可以完全不顾农业和宏观经济的各种因素，肆意地操作股价涨跌。

不顾题材、业绩和宏观条件的庄家是莽庄，基本都是不得善终的。

正如大家经常看到的那样，尽管负面消息环绕，股价在主力的运作下仍旧走牛；或者是相反，虽然利好不断，但是股价在主力的打压下而跌跌不休。股价的趋势性上涨或者下跌，其实都是主力策划和运作的结果。这些主力透彻了解和

掌握了所运作股票的所有情况，而不仅仅是大众知道的那些公开信息。他们对上市公司的业绩非常清楚，绝不是靠运气，什么时候股价走牛，什么时候股价走熊，他们都心中有数，对于人性的弱点他们也心知肚明，利用大众的盲点是他们的最大利器。

如果主力想要逢低吸纳或者是打压洗盘，则会利用各种利空题材，诱导大众步入悲观情绪中。大选、战争和信贷紧缩，以及农作物歉收，甚至还有黄金流出，都成了反复利用的利空题材。诱导大众卖出或者做空的同时，主力却悄然买入或者加仓，但是避免股价显著过快上涨。

当主力吸纳足够筹码后，大众仍旧陷入悲观主义的境地，当大众一致看跌股市的时候，牛市开始了。牛市总是开启于最黑暗悲观的时刻，当所有人都在预言情况将变得无比糟糕时，跌势见底了，上涨来临了。

牛市开始阶段股价上涨迟缓，部分股票上涨，部分股票保持稳定，少数股票甚至还在下跌，这是在迷惑大众，引诱大家看空做空。龙头股上涨速度较快，其他股票跟随上涨。尽管在牛市早期滞涨的股票在牛市末期会出现补涨，但是在现阶段每只股票的波动特点和涨幅都存在差别。然而，**在牛市前半段，将注意力集中在龙头股上是非常重要的。**先在龙头股上赚到丰厚的利润，然后将资金转移到新龙头上，最后才考虑补涨的股票。

一个高明的股市投机客必须考虑板块轮动和板块内梯队问题。

股市有大势，也有波动，如同海岸的波动运动一样，涨潮期间有无数的波浪，但是涨潮才是大势，而波浪则是波动而已，不应该被局部的波动所迷惑。在经济和股市繁荣的阶段，**乐观预期逐渐扩散。**在牛市中，即便是最差劲的交易者也开始赚钱了。最终，**乐观主义达到极致，而多头头寸也达到最大规模，天量出现，牛市的大顶部出现了。**牛市顶部可能出现在上一轮牛市的顶部附近，主力和聪明的资金正在初步撤离，而各种媒体都在诱导大众继续买入。

牛市中，分歧不断，牛市不止，一致看涨，则牛市见顶。

市场看起来一片祥和，没有任何危机的征兆，但是最终股市还是转而下跌了。一旦跌势开始，市场就会对利好视而不见。即便有许多不甘心的多头想要推高股价，但仍旧无功而返，势不可当。

一旦主力和聪明的资金开始抛售股票，那么股价就很难维持在高位了。等到下跌持续一段时间之后，各种看跌股市的理由就出现了。股市的涨跌循环往复，主力的伎俩也毫无新鲜的地方。在熊市尾声，主力诱导大众以显著低于价值的价格卖出股票；在牛市尾声，主力诱导大众以显著高于价值的价格买入股票。

主力每年采用的策略在细节上有些差别，但是主体是一致的。拙劣的交易者永远也学不会在最悲观黑暗的时候买入，在最乐观光明的时候卖出。他们永远不会明白：**牛市开始于绝望，发展于分歧，终结于高潮。**

资深荐股师的第二个心得是关于坐庄和庄家的。人性不可能让投机者在利空消息漫天的时候逢低买入股票。另外，即便市场已经见顶，但是利多不断，好友也透露有内幕消息表明股价还会上涨 10~20 个点，这个时候投机者就很难逢高卖出。

庄家就是利用上述人性的弱点来玩弄散户的。大家参与股市，肯定不是为了锻炼身体或者聊天聚会，而是为了赚钱，挣的钱越多越好，但是却根本不管盈利的机制，不管利润是从哪里来的。有人赚了，必然有人赔了。因此，作为股市的参与者最重要的是让自己成为赚钱的人，而不是亏钱的人。在股市中庄家比散户更容易赚钱，而散户比庄家更容易亏钱。要成为股市中的赚钱一方，必须研究清楚庄家。

庄家在运作股价的开始阶段必然以吸筹为主，这个时候通常将股价打压到触及大多数停损单的位置，在价格还没有显著上涨前买入股票，并且在股价上涨 3~4 个点的时候暂停买入。然后，庄家会再度利用一切手段打压吸筹。在股市经历数周的震荡上涨的情况下，庄家会悄悄地在不显著推高股价的前提下吸筹。

此后，股价会上涨 5~10 个点，这个时候庄家会卖出部分筹码兑现利润，同时试探市场的承接和反应。这个卖出行动会导致股价回调 2~5 个点，这是他们就会重新买入。下一波上涨的幅度会达到 10~15 个点。**上涨，回调，再上涨，股价在主力的滚动操作下上行。**有时候一只股票上的联合坐庄机构可能高达 10 多家，但是运作的套路基本上都是一致的。

庄家在拉升股票之前，会先打压股票，这样做是为了摆脱过多的跟风者与自己的持仓成本接近。同时，误导部分人做空，一旦股价回升，他们不得不回补，这样就成了空翻多，使股价进一步快速上涨。

还有一种滚动操作的坐庄策略，许多职业操盘手都精于此道，他们将持有的股票分为三等份。第一份持有两到三年，盈利的最大幅度为 80 个点左右。第二份则在每个

主力为什么会采用 N 字结构来运作个股？第一，可以提高对手盘的平均持仓成本；第二，可以及时获取有关自然承接和拉升力量的反馈，便于及时调整策略和计划。

不懂利用题材的主力不是合格的主力。题材性质存在差别，则题材的生命力也存在差别。

识别股价的底部，本段给出了三个特征：第一，持续下跌后；第二，显著放量，底部换手迹象明显；第三，N 字顶部形成。如果能够结合题材来分析则更好，比如最后一次利空兑现。

大波段的高点卖出，低点买入，盈利的幅度为 20~30 个点，持有的时间长度为 3~4 个月。第三份则在小波动的高点卖出，低点买入，持有周期更短，每上涨 5~10 个点时卖出。当然，滚动坐庄法在具体运用是要考虑相应的情况，与上述案例有一些显著的差别。1890 年 8 月到 1899 年 3 月，许多庄家在运作股票的时候采用了这一方法，当然也有操盘手将持有的股票分作四份，而不是三份进行操作。

资金雄厚的庄家计划做空时，总是在市场维持强势假象时故意拉升 2~3 只股票，吸引眼球，同时放出一些利多传言，比如"范德比尔特看涨"或者"标准石油股价还会大涨"等消息来诱导大众高位买入，同时庄家却趁机抛售或者做空。对于资金不那么雄厚的庄家或者个人投机者来说，如果做空后未能出现预期中的下跌则会及时回补空头，离场以便限制亏损。如果他们判断仍旧可以做空的话，则会先将股价推高几个点，然后逢高再度做空，直到大跌出现。无论庄家实力是否雄厚，当股价持续时，他们会对此善加利用，以便从中多榨取足够的利润。一旦股价持续下跌，则多头们就会被迫离场，而业余做空者往往等到股价见底了才会进场。

联合坐庄的主力在运作股价的时候会配合特定利好事件的预期展开，股价的高点恰好在该事件兑现的前后出现。如果该事件兑现是超乎了此前的预期，那么股价将继续上涨。

资深分析师的第三个心得是关于挣钱本身的。要想挣钱，人性中最大的敌人是自以为是。在需要技巧的博弈中，参与者想要获胜，但却根本不了解博弈本身，而对手却是诡计多端的行家里手。

如何增加股市中获胜的概率呢？下面的事实和建议可以起到一定作用。

第一，如果市场在下跌的疲弱态势中出现成交显著放大的情况，也就是持续下跌后的恐慌抛售出现了，这个时候股价已经临近底部了。紧接着，股价可能会反弹几个点，然后再度下跌，但是不会跌破此前的低点。如果投机者此刻买入股票就应该耐心持有，等到股价出现大幅上涨。当然，最好能够从空头的角度识别出做空力量已经衰竭，这样进场买入的胜算率更高。

第二，股市持续下跌使得整个市场都处于极端悲观的氛围之中，这个时候股市出现了 3~4 个点的反弹，然后又下跌了反弹幅度的 50%或者 75%，接着再度回升，回升幅度是此前下跌幅度的 50%，接着又是回升，上涨幅度只有 1 个点。这种收缩三角形的走势表明庄家在大肆吸纳筹码，股价进一步上涨的空间很大。股市见顶时也会出现这种收缩三角形，这意味着趋势转跌。

第三，如果股价大幅上涨之后的某个交易日出现了天量，大众同时处于极端乐观和狂热之中，那么股价可能在此附近构筑顶部，转而下跌。但是，股价可能并不会快速下跌，而是会进入一个 2~5 个点幅度的窄幅整理区间，这就是市场的"发散—收敛"规律。

第四，交易者如果持续记录和跟踪活跃股的走势，下功夫去研究其走势，那么就可以从中发现主力的运作方式。**如果走势图表显示某只股票下跌后进入窄幅整理区间，最后放量突破这个区间，那么表明此前有主力吸筹，现在开始拉升这只股票了。**如果走势图显示好几只活跃股的情况类似，则是牛市开启的强有力证据。

第五，**股价在低位整理数周，波动幅度很小，有一两天出现显著萎缩的成交量。**由此，可以做出预判：很快将有一波抢筹式的上涨。当作空力量衰竭时，筹码供不应求，主力会认为上涨时机已经成熟。

第六，**当股市哀鸿遍野，大众普遍悲观，而利空不断时，股价却小幅震荡，做空者众多但是市场却跌不下去**，这个时候肯定有主力和聪明的资金在悄悄买入，新一轮牛市就要开启了。

第七，成交量是趋势的良好甄别指标。如果价涨量增、价跌量缩则可以确定当前处于牛市之中。

打压吸筹和维稳抛售，以及 N 字上涨提高对全盘平均持仓成本，是操盘手需要精研的三项功夫。

放量突破窄幅整理的区间是一个非常有价值的交易信号，在《黄金短线交易的 24 堂精品课》当中，我曾经利用布林带来筛选这种机会。布林带持续收缩后张口是非常好的交易机会。留一个问题给大家思考：为什么要强调"持续"收缩？

2014 年 6 月左右，A 股指数跌到低位，窄幅整理，成交量萎缩，市场情绪悲观，利空不断，但是指数却没有向下显著破位，此后股市气势如虹，大涨到了 2015 年。

第八，在股价持续上涨第三天时买入往往容易遇到马上的回调，因为股价通常倾向于在一个方向上连续运动 2~3 天，然后修正或者反转。如果股价连续 3 天上涨，并且有阶段性见顶的迹象，而第 4 天向上跳空开盘，则 80% 的概率会回落。如果连续上涨不到 3 天就出现了调整，则后续方向不确定，股价可能不会回落。下跌走势中的情况与上述相反。

第九，**如果一轮持续时间很长的牛市出现 3 日连续大涨，同时成交量巨大，市场极度亢奋和乐观，尤其是此刻有利好兑现，那么这是牛市上涨即将结束的信号。**

第十，当一只股票的价格连续 3 日上涨，而且第 3 日出现巨量，那么这波上涨可能结束了；当一只股票持续下跌后，开始放巨量上涨，交易者可以买入，因为往往接下来 3 个交易日会上涨。

第十一，只有两种正确的方式做交易：要么接受小额的亏损，要么不接受任何亏损。交易界有一个历史悠久的交易法则：如果某只股票表现不佳，那么交易者应该将亏损控制在 0.5~2 个点，这是交易界的不传之秘。当然，也可以在股票下跌时逐步买入，前提是你需要事先深入评估这只股票的价值是否被低估。如果你的资金不是太充足，那么最好还是制定严格的停损幅度。交易界还有另外一个历史悠久的交易法则：**当所有人都做空时，你要做多；当所有人都做多时，你要做空。**

资深分析师的第四个心得是关于操作戒律的。**无论你的预判能力有多么出众，不要为了扭转交易的颓势而孤注一掷地在牛市做空，在熊市做多。**另外，如果你的止损幅度高达 10 个点也不是什么好策略。如果浮动利润丰厚，同时预判到市场会大幅回调，那么交易者可以先行卖出然后再逢低买入，但是不要做空。

不要因为做多而忽略利空因素。

不要因为沉浸在看跌观点之中，而对股价上涨的态势熟视无睹。

持续上涨后出现巨量宽幅震荡加上极度乐观的舆情，这是见顶的显著信号。

天量见天价，也可能见地价，什么情况下天量会出现在底部？

不要让希望和情绪影响你的理性判断。

不要让欲望和愿望干扰你的客观分析能力。

留意所有因素的变化，观察这些因素如何影响参与者的心理，但更为重要的是善于分析主力动向。

不要因为大众看多而乐观，当流通盘被主力持有时不要悲观。

不要太在意每周发布的市场消息以及一些交易所传言，这些很容易被捏造，通常容易诱导投机者。

不要在意财经媒体以及经纪人专栏刊登的传闻和所谓的"内幕"。

如果你不是盘口解读行家，就不要依靠股价行情自动收报器，因为它容易误导你。从所谓的盘口解读专家那里其实你学不到任何重要的东西。

不要操作那些走势不明朗的股票，也不要在浮动盈利丰厚时还贪心最后一点利润。

与趋势为友，而不是与趋势为敌。不要在做多和做空之间快速变换，如果你在股价上涨时看空，就不要临到上涨结束时改为看多；如果你在股价下跌时看多，就不要临到下跌结束时改为看空。

机不可失，时不再来。要买入就果断，错过了就不要操作了。

不要只交易一只股票，尽量交易 5~6 只活跃股票。

不要过度交易，也不要让交易额超出自己的承受能力。

不要在暴涨时买入，不要在暴跌时卖出。

如何定量暴涨和暴跌？

资深分析师的第五个心得是关于交易系统的。具体而言有两个交易系统，第一个系统在震荡市采用，第二个系统则是单边市采用。

第一个交易系统称为**"高抛低吸操作法"**。在震荡市形成期间，市场缺乏明确的趋势，即便是活跃股也围绕某个点位震荡。为了在这种市况中获利，交易者需要制订相应的计划，采用类似网格的方法来操作。例如，以市价买入 100 股圣保

罗，然后每上涨或者下跌 0.5 个点就买入 100 股，但是不要在同一价位持有超过 200 股，同时总持股数量不能超过 600 股。在上述头寸建立后，单独对待每笔交易，任何 100 股出现 1 个点的利润就卖出，股价下跌 1 个点则买入。但是，不要在熊市中买入，也不要在牛市中卖出。简言之，不能在熊市中采用这一策略。

第二个交易系统称为"**金字塔顺势加码操作法**"。当判市法则表明股价将出现一波持续上涨时，交易者应该根据自己的情况和规则买入一些股票。买入后耐心等待股价明显上涨，不要急于加仓。当股价开始上涨时，每上涨 0.5 个点就利用浮动盈利加码。持续加码一直等到市场出现连续 2~3 天飙升，伴随放量和市场乐观时。这个时候主力在减仓，而大众在抢购。这个时候应该减少一半头寸，等到股价回调至少一个点后，每跌 0.5 个点补充一些多头，直到上涨恢复。上涨加码，回调开始时减半，回调中后段加码，反复执行这些操作，等到涨势见顶为止。见顶时往往会出现暴涨叠加天量，这个时候需要卖掉所有股票。一波大行情做完，交易者要么休息一段时间，要么按照第一个交易系统操作震荡市。

资深分析师的第六个心得是关于如何成为一个成功的交易者的。尽管主力年年都用着基本相同的套路，但是还是会持续发明新的手段来玩弄对手。因此，要想在股市中成为一个赢家，而不是输家，就必须通晓各种因素，跟随市场，对格局和玩家都要做出精确的判断。

如果是图表分析派，则要采用有效的图表类型，学会正确地解读图表。图表分析需要指标的交互验证，只有信号相同时才采取行动。分析价格走势的同时需要关注成交量的变化，底部和顶部都是在显著放量时形成的。这里的显著放量是相对日均成交量而言。

除了考虑价量之外，还需要考虑时间和季节性因素。一波庄家推动的涨势往往持续 4 个月。另外，在严冬季节会出现一小波上涨。

如果说投机有什么王道的话？那么非"金字塔顺势加码法"莫属。

另外，**要琢磨大众和散户的头寸分布，因为主力不会在大众集体进场买入时拉升，也不会在大众集体卖出时做空**。融资融券的利息是了解大众头寸的一个重要指标，但是这个利息也容易被捏造，因此需要从对赌交易所和经纪商方面来了解客户的头寸分布情况。如果这些机构的客户们基本上都做空，那么做多就非常安全。相反情况下，如果散户基本都做多，那么做空就非常安全。

显著放量出现时，交易行家就会分析是不是机会来了。或许，预判股价接下来的涨跌并不太难，但也不要因此而频繁交易，不要追逐小利。当市场不利于你的头寸时，立即停损离场，然后重新开始。如果市场运动方向有利于你的头寸，则可以持仓以获得 5~20 个点的利润。当然，也可以设定利润目标为 10 个点，止损幅度则设定为 1 个点，这样即便亏损 5 次，盈利 1 次，则最终还剩 5 个点的利润。**在利用高抛低吸区间操作法时必须先确定好股票是否存在估值优势**。最后，要有充足的保证金，即便会降低回报率，但是却让交易更加安全和可持续。

第35章

华尔街的智慧箴言

股价横向整理一段时间后再启动，要么意味着某一事件驱动了行情，要么表明主力在活动。

——萨缪尔·A.尼尔森（Samuel A. Nelson）

我收集了一些华尔街流传的格言、警句以及一些闪着智慧之光的观点，以飨读者：

◆ 传闻近乎谎言。

◆ 沉默是金。

◆ 管理好你的情绪。

◆ 钱够用就是富翁。

◆ 人无完人，智者千虑必有一失。

◆ 最初的亏损是最好的离场信号。

◆ 不可能人人都是赢家。

◆ 好风使尽帆。

◆ 放松带来好运。

◆ 廉价的建议遍地都是。

◆ 真话无需誓言。

◆ 放松去做，好结果自然来。

◆ 动手前先协商。

◆ 疑惑时不要轻举妄动。

◆ 如果不采取措施，亏损总是接踵而至。

◆ 华尔街总是忘记历史。

◆ 理论的巨人，行动的矮子。

◆ 学会迅速认赔。

◆ 消息驱动市场。

◆ 不承担任何风险，就不会有任何收益。

◆ 覆水难收。

◆ 亏损让我们更加谨慎。

◆ 积沙成塔，积少成多。

◆ 亡羊补牢，犹未晚也。

◆ 智慧不足，只能靠运气帮助了。

◆ 有借有还，再借不难。

◆ 让利润奔跑，限制一切亏损。

◆ 一些人是教训出来的，而不是教育出来的。

◆ 输家往往是那些犯错的人。

◆ 截短亏损，让利润奔跑。

◆ 进场做得好，出场就成功了一半。

◆ 投机客经常买入，但是极少持有。

◆ 协商前先调查。

◆ 亏掉的钱最有价值。

◆ 人人都是事后诸葛亮。

◆ 重大决策前停下来深思。

◆ 看见蛋了再买蛋。

◆ 貌似诚实之语必藏欺骗之实。

◆ 吃得亏，打得准。

◆ 金玉其外，败絮其中。

◆ 一时疏忽，患难无穷。

◆ 极端弱势时买入股票。

◆ 股市中老手比新手更容易被坑。

◆ 丢车保帅。

◆ 运气比智慧更管用。

◆ 歪曲事实就是欺骗。

◆ 不要将全部鸡蛋放在一个篮子当中。

◆ 丢了马鞍比丢了马好。

◆ 市场永远都在，不要急于求成。

◆ 小的亏损往往携手巨大的盈利。

◆ 要想成为富豪，首先看起来像富豪。

◆ 灵感来自于汗水。

◆ 现象展示本质。

◆ 兼听则明，偏信则暗。

◆ 一无所有的人最要提防。

◆ 投机于不确定性。

◆ 先下手为强。

◆ 区间市要高抛低吸操作。

◆ 拖延带来危险。

◆ 不听老人言，吃亏在眼前。

◆ 睡得安心的投资才值得去做。

◆ 盈亏无常，不必执着。

◆ 机不可失，时不再来。

◆ 幻觉会毁掉那些被它蒙蔽的人。

◆ 一个人的格言应该是坦诚相待。

◆ 贫穷限制了人的想象力和行动力。

◆ 小的亏损使人恐惧，大的亏损让人驯服。

◆ 太阳之下并无新鲜之事。

◆ 想要获得良好的结果，必须投入相应的努力。

◆ 最佳之物往往是最便宜之物。

◆ **大方不是大量地给予，而是聪明地给予。**

◆ 在投资前先行调查而不是之后。

◆ 工作即快乐。

◆ 智慧装饰财富，遮盖贫穷。

◆ 金钱万能，能够打开一切锁。

◆ 在市场悲观低迷的时候买入。

◆ 满足有钱人的要求可以带来财富。

◆ 贫贱不能移。

◆ 伟大的人拥有目标，平凡的人只抱有希望。

◆ 一盎司的运气顶的上一磅的智慧。

◆ 大成就青睐有准备之人。

◆ 市场恐慌的时候，10倍交易杠杆毫无用处。

◆ 有钱人很难分清谁是朋友。

◆ 在交易中吃亏的人不会心存感激。

◆ 焦虑是成功的克星。

◆ 语气平和、逻辑夯实的经纪人更容易获得投资者的青睐。

◆ 将鸡蛋放在一个篮子当中并细心呵护。

◆ 少说多干。

◆ 有钱人在买小物件的时候最吝啬。

◆ 有钱有底气。

◆ 动不动发誓的人是因为他爱说谎。

◆ 容易赚的钱也容易赔。

◆ 忽视了理性的力量，就会被它惩罚。

人缺什么，就会炫耀什么。

◆ 高谈阔论智慧的人，其实毫无智慧。

◆ 做最坏的打算，却往往能够得到最好的结果。

◆ 意外事件往往可以帮助那些谨小慎微的人。

借钱给他人，不管以后要不要，如果没有借条，可能钱没了，关系也没了，人财两空。

◆ 借钱给别人却不要求对方打借条，这是在给自己树敌。

◆ 成功典范的建议才值得用于实践之中。

◆ **机会不仅仅是寻找来的，还需要主动去创造。**

◆ 动态事物比静态事物更容易获得人的注意力。

◆ 做空者要么重新买回这些东西还给他人，要么坐牢。

◆ 只投资那些潜在市场广大上市公司的股票。

◆ 有些人宁可自以为是地胡思乱想，也不愿意下功夫去学习一点知识。

◆ 从事实出发且有判断力人绝不要需要什么玄学的指导。

◆ 真正有实力的人能够把握住机会并且果断介入。

◆ 如果股市大幅上涨后进入震荡，那么行情存在反转的可能性。

◆ 如果股价从高位下跌，处于下降趋势，则在反弹时应该卖出。

◆ 20 岁之前的暴利容易因为追求更大的暴利而失去。

◆ **无债就是富裕，无病便是年轻。**

◆ 内幕消息加上充足的本金可以让人陷入盲目的疯狂之中，最终毁掉这个人。

◆ **适度的财富帮助你，过多的财富拖累你。**

◆ 要成功地坐庄必须采取持续的运作。

◆ **没有行动却想要结果，必定两手空空。**

◆ 收盘处于弱势，而无明显支撑力的个股在次日反而可能出现反弹。

◆ 一屋不扫，何以扫天下。

◆ 股价处于低位但是确认处于上涨趋势的个股可以逢低买入。

◆ 拥有乞丐的财力却追求昂贵的东西，这就好比想要喝香槟却只支付得起啤酒的钱。

◆ 睿智的领袖会趋势而为，而不会逆势而动。

◆ 观察分析市场大势，就会及时发现关键所在。

◆ 整个交易日都持续上涨，并且以最高点收盘的个股，次日可能出现回调。

◆ 正确的判断可以节省能量的使用，准确的信息可以避免资源的浪费。

◆ 沉浸在自怨自艾的人，看不到机会的存在。

◆ 一个人没有了金钱，就失去了大部分；没有了朋友，则失去了绝大部分；如果失去了精神追求，那么就失去了一切。

◆ 如果行情的发展有利于自己的头寸，则要跟进，直到趋势发生改变；如果行情不利自己的头寸，则要及时离场。

◆ **如果市场大众极度乐观亢奋，同时股价高企，理性的交易者应该迅速清仓离场。**

◆ 如果一个人 20 岁的时候不学无术，30 岁的时候懵懵懂懂，40 岁的时候一无所有，那么他就只能过完悲惨的一

贫穷和疾病，还有不学无术是美好人生三大克星。

没有购买彩票却想要中头奖，这是绝大部分人生的缩影。

"癞蛤蟆想吃天鹅肉。"

一代投机巨擘伯纳德·巴鲁克（Bernard Baruch）是少有的功成身退的投机大家。当擦鞋匠滔滔不绝地推荐股票时，他明白大牛市已经见顶了，于是清仓离场，在大顶部附近卖出。

生了。

◆ 涨幅最大的股票此后的跌幅也最大，这是市场恐慌时的一条规律。

◆ 买入后，如果行情有利，则继续加码跟进；买入后，如果行情不利，则应该立即离场观望。

◆ 股票停止上涨后出现走软迹象，那么股价接下来回调的可能性很大，虽然也有例外，但是转而下跌的概率更高。

◆ 在活跃的市况中，上涨或者下跌通常持续3~4天。当行情持续3~4天后如果出现乏力现象，则意味着反向操作的机会。

◆ 一个成功交易者说："在全面和深入的分析后我得出结论，这只股票见顶了。于是我5次做空但都因为实际不对而小额亏损，直到第6次交易我才抓住了大跌的机会。这次盈利不仅抵消了此前5次亏损，而且还带来了丰厚的利润。"

◆ 牛市结束基本开始于信贷扩展停止，当信贷规模停止扩展，甚至缩小时，经济和商业的收缩也开始了，失业率随着上升，这些构成一个大周期。形势的发展会持续到完成自我修复，然后一个新的周期又开启了。

◆ 华尔街存在一个经验性结论：如果股价连续三次都在同一高点见顶，第三次见顶后下跌，那么这次下跌的幅度将是巨大的。这一现象背后的逻辑还不完全清楚，但无疑表明了这一点位附近存在巨大的阻力。

◆ 持续显著上涨之后的大跌可以划分为两个阶段：第一个阶段是走势疲软加上多头止损单被执行导致市场快速下挫；第二个阶段则是空头相对多头的优势逐渐消失，下跌动能逐渐衰竭。在此前持续的上涨过程中，也会出现多次的下跌，但是这仅仅是回调而已，规律并不明显，从侧面反映出交投活跃而已。

◆ 需要牢记一点，那就是信贷的收缩速度与扩张速度一样。**资产价值的下跌可以导致信贷收缩，同时大众信心的丧失也会导致信贷收缩，而这一切都会影响到股市的大势。所**

小亏大赚，投机正途也！

以，我们应该将信贷看作是经济和投机的基础，估值的变化也以信贷为基础。

◆ 行情失去上涨动量和态势时，就是空头相对多头占据优势的时候，这个时候价格会倾向于下跌。要学会在走势强劲和市场亢奋的时候卖出，这才是聪明资金所为，因为这个时候容易卖出，而且容易卖在高点附近。反之，在走势疲弱和市场绝望的时候买入，因为那个时候大众不敢买入，容易买在低点附近。

◆ 有些时候，市场规律和交易法则运行良好，但是随着实践的持续，经验和法则都有失效的时候。有时候交易者也会违反某些法则，这是因为遵守这样法则的成本大幅提高了，以至于超过了收益本身。相对于估值而言，其他一些基于技术分析为基础的法则虽然有用，但并非最有用的东西。

◆ 股票交易者可以划分为两类：第一类是投机者，他们基于股价走势进行交易。他们喜欢买卖活跃股，而不考虑股票的估值问题。第二类是投资者，他们倾向于在股价低迷的时候买入股票，他们更加注重价格相对价值的关系。运作个股的主力则尝试利用这两类人，有时候他们会站在投资者一边，有时候则会站在投机者一边。

◆ 所有个股都会受到大盘走势的影响，但是从长期来看，价值才是决定股价的中枢。事实表明在下跌时买入优质的股票，这个操作策略是理性有效的。但是在上涨时做空最差的股票却仅仅在理论上说得通，在实际操作中也容易碰壁。但是，不管股价短期内如何疯狂，长期都会受到价值的制约。

◆ 正如华尔街人士主张的那样，**股票交易就是一个诱导对手盘买入或者卖出股票从而有利于自己盈利的过程**。诱导的手段有威胁也有利诱，如果说威胁采用了 1 次，那么利诱就要采用 20 次，因为利诱比威胁更有效。因此，**通过利诱来误导对手盘做出实际上不利于他自己却有利于我的行动，是更加容易的盈利之道**。

◆ 经济和商业的周期或许还无法通过科学的方法来证明

不懂信贷，不可以做大投机家。小规模投机或许可以依赖于程序和技术分析，但是大规模的投机必然要识别资产大势，而资产大势与信贷关系密切。

"兵者，诡道也。故能而示之不能，用而示之不用，近而示之远，远而示之近。利而诱之，乱而取之，实而备之，强而避之，怒而挠之，卑而骄之，佚而劳之，亲而离之。攻其无备，出其不意。"但是，凡事都有两面，有些博弈要靠诡道，有些博弈要靠信任。什么是小聪明，就是只知道诡道，不知道信任。

和分析，但是100多年来，经济周期的观点也在实践中起着巨大的作用。为什么经济和商业在多年繁荣后会出现衰退？尽管现在还不能给出满意的答案，但是**如果我们采纳经济和商业周期存在的假设，就可以更好地进行投资和投机。**反过来讲，难道经济周期中的繁荣或者衰退背后都没有驱动因素吗？

◆ 市场恐慌带给我们是否有价值的教训。当市场恐慌和绝望的时候，股票的内在价值会被忽略掉，最优势的股票与最垃圾的股票，两者的表现都差不多。经济和股市萧条时，绝大多数人都因为急需资金卖出股票，哪怕是最优质的股票，因为优质股票可能更好脱手，其他垃圾股票甚至乏人人问津。另外，优质股票还可以用来获得抵押贷款，垃圾股票则是有价无市。

◆ 大资金操盘手很难像小资金交易者那样迅速改变操作方向。即便他们想要改变操作方向，也需要一段时间。大资金操盘手不要被眼前和局部的变化所迷惑，要从长远和大局出发，才能盈利，这点很重要。

◆ 行情见到顶部或者底部后一段时间，人们才能确认顶部或者底部。见顶或者见底之前，大众对此毫无预见性。大众会花费大量力气去猜测股价见顶或者见底的时间点，但是这种行为毫无意义。正如一则华尔街的谚语指出的那样："只有最无知的投机者才会想要在最低点买入，在最高点卖出。"因为只要有点市场经验就会明白，在最低点买入或者最高点卖出难如登天。

◆ 股市走牛不需要什么好消息来驱动，消息驱动市场的情形主要有破产重组以及危机发生时，这时候股市会暴跌。因此，没有消息就是好消息。另外，在市场暴跌时，一些好消息有助于缓解下跌和维持稳定，甚至使市场出现阶段性回升，如大财团誓言保护股市等。

◆ 当市场处于单边走势时，投机者要采用止损单；当市场处于窄幅震荡走势时，投机者采用止损单只是在浪费资金而已。那么，**市场是什么时候会结束震荡走势，走出单边走**

资产负债表紧缩会引发对最具流动性资产的追逐，从而引起整个金融市场的暴跌潮。

势呢？除了持续观察市场走势外，没有任何其他的解决办法。如果数日后，走势越来越疲弱，则单边跌势可能来临；如果数日后，走势越来越坚挺，则单边涨势可能来临。如果市场态势不明，则是短线高抛低吸的机会。

◆ 主力在运作股票之前，首先要找到足够的资金，可以用来拆借和融资。银行等金融机构参与其中，它们借出资金，而这些借出的资金转了一圈后又成了存款，因此整个信贷规模的变化其实反映了资产市场和实体经济的繁荣程度。

◆ 股市总是处于持续的涨跌之中，而波动的中枢就是内在价值。股价的上涨存在惯性，下跌也存在惯性。但是，一旦上涨达到极致，就会回落；一旦下跌达到极致，就会回升。哪怕是小规模的投机行为也会导致股价出现上述涨跌轮回。例如，通常情况下股价先是上涨了 2~3 个点，**那么接下来很可能会回调涨幅的 50%**。当然，并非所有时候都会这样，例如，价值中枢变化，或者是股价惯性强大时会例外。通常来讲，在完全竞争的股票市场上，每次大涨后都会出现回调，每次大跌后都会出现反弹，**回调和反弹的幅度往往至少是此前一波走势幅度的 0.375**。

◆ 股市出现恐慌性暴跌时存在可以清晰定义的过程。1873 年以来的股市走势历史表明，除两次例外，下面的股灾进程规律具有普适性：恐慌性下跌通常持续 3 天；大多数情况下，恐慌出现后的第二个交易日股价最低，然后会出现反弹，反弹的幅度只有恐慌下跌幅度的 50% 多一点；反弹在一周内结束，部分时候会持续一个月，1901 年 5 月 9 日的反弹持续时间都在一个月内；反弹结束后，股价重回跌势，跌幅至少是此前反弹幅度的 50%，在真正的熊市时，创出新低是正常的。

◆ 经常听闻大主力可以任何操纵股市，事实并非如此。除去那些微小的波动，股票的大势还是由宏观背景和大众一起决定的。小主力可以影响较小范围内的股价波动，大主力则可以影响较大范围内的股价波动。但是，**如果缺乏了大众**

作者在这里其实说的是"废话"。如何预判单边走势将出现？个人经验是从驱动分析和心理分析入手，而不是技术分析。技术分析只能确认，而不能预判。

斐波那契为主的分割率在寻找进场点时作用较大，大家可以深入研究，可以到图书馆借阅两本拙作《高抛低吸：斐波那契四度操作法》和《斐波那契高级交易法：外汇交易中的波浪理论和实践》。

的参与，那么股市就是一团死水。空头大于多头时，股价下跌；多头大于空头时，股价上涨。就算主力操纵股票，如果缺乏大众的跟风盘，那么股价也很难持续上涨。主力和庄家期望大众如预期一样行动，如果大众没能按照预期行动，那么主力和庄家也很难获利。

◆ 长期来看，决定股市价格趋势的还是投资者。当然，有人会质疑这一观点。他们的理由是部分价格走势完全就是庄家的操纵引起的，与内在价值毫无瓜葛。事实上，这类波动确实存在，但是风平浪静之后，仍旧是依据内在价值操作的投资者在主导。如果投资者集体确认了某只股票的内在价值，那么主力最终也得接受这一估值。因为背离价值的操纵是不可持续的。高明的主力会在价格低于价值时买入，在价格高于价值时卖出。在市场中摸爬滚打的交易者都明白一个道理：人为将股价打压到价值之下后总会出现回升；人为将股价拉抬到价值之上后总会出现下跌。价格最终会回归到投资者们集体公认的价值中枢附近，也就是能够反映真实价值的水平。

◆ 一位资深的交易者非常怀疑公开暴露的止损单的保护作用，他指出："当交易者给经纪人发出止损单指令时，他可能会觉得只有自己和经纪人知道这件事。但是，经纪人经常会因为繁忙而将指令转交给其他经纪人处理。由此导致部分经纪人会在一两周之内积累大量的止损单信息。一些主力会主动接近这类经纪人，以便获得止损单的分布情况。如果在某一个价位附近存在大量止损单，则主力会打压价格以便触发这些止损单，然后再让股价快速回升。"

◆ 大众情绪的变化引发了股市的日常波动。在交易池内，可能有 400 多人在进行金额不一的交易，他们不是基于未来的大势在进行交易，而是基于随时获得的新闻和盘中动态在买卖。场内的职业交易者对于市场变化非常敏感，他们集中注意力在个别事件上。股市在下跌趋势中如果出现重大利好消息或者重大买盘，也会使许多交易者积极买入，从而加速

这些伎俩仍旧在场内交易员那里使用。

了股价的反弹。但是，场内交易者听到利空消息，则会大举卖出，以至于加大跌幅。

◆ 尽管价值与股价的短期波动关系不大，但从长期来看确实是股价趋势的决定性因素。股票真正价值取决于投资者从上市公司的业绩中能够获得多少的收益。因此，我们认为股票的价格最终是由投资者决定的。即便主力在短期内令股票上涨或者下跌，误导投机者或者投资者，但是这类人为的打压或者拉升却不可能持续太久。原因是投资者最终会意识到股票的真实价值几何，然后选择卖出或者买入，而不是一直受到主力的干扰。内部人士也清楚股票的真实价值，当估值过低时，他们会买入；当估值过高时，他们会卖出；估值合理时，他们会持股或者观望。

◆ 基于小道消息进行投机是危险的做法。这点可以由一个故事来澄清，H.R.G 在写给伦敦投机客的信中讲了一个"首相与股票交易所"的故事：

"先生，让我跟你讲一个我家族的传奇故事吧。我的祖父居住在城市中，任职过国会议员，支持乔治·格伦维尔（George Grenville）领导的党派。当时，格伦维尔经常向我祖父请教伦敦股票交易相关的事宜。有一回，他询问是否可以靠小道消息从股票市场上赚取暴利。我祖父回答说自己既不是股票投机客，也不是拥有小道消息来源的政客，如果首相感兴趣的话可以自己去试验下。于是，格伦维尔便说'作为首相，我有一些内幕消息，我会第一时间通知你，你帮我去股票市场交易，看看手气如何。'到了年底的时候，两个人再度碰面，查看试验结果的时候到了。我祖父拿出账单，如果真的完全按照首相提供的消息去操作，定然输得精光。还有一个实例，那就是滑铁卢战役的结果不是政府告诉罗斯柴尔德（Rothschild）的，而是罗斯柴尔德告诉政府的。在我看来，祖父在股市的成就超乎众人，如果按照别人的建议去操作，无疑会大大伤害他的自尊。他说如果看到自己得到的消息在报纸上公开发表的话，那就意味着不是独家消息，这会让他

乔治·格伦维尔（George Grenville），英国辉格党政治家，1763~1765 年曾任英国首相。

内幕消息是否有效，主要看两点：第一，你处在消息传递链条的哪个位置，市场对消息已经消化了多少；第二，消息本身的影响力有多大，多深远。

整个上午都感到不安稳。"

◆ 倘若散户能够想明白并且记住一个道理，那么他们在股市交易上的成功概率将大幅上升。这个道理就是，大众持有资金，而华尔街对这些资金垂涎三尺。从职业道德的角度来讲，华尔街并不希望将无价值的股票推销给大众，但是从现实的角度来讲，他们的利益却与以尽可能高的价格卖出股票息息相关。

◆ 杰伊·古尔德（Jay Gould）曾经指出：保持耐心是投机成功的首要条件。许多交易者发现由于自己缺乏耐心而频繁交易，最终招致不必要的亏损。股市的重大变动通常不会突然降临。尽管股市的波动从局部和短期来看是由买卖行为决定的，但是从全局和长期的角度来看则是许多因素共同促成的。股价体现了过去，也折射了未来。股价涨了跌，跌了涨，有时候单边狂奔，有时候震荡犹豫。驱动股价波动的各种因素在变化，使股市处于动态均衡之中。当整体局势不利时，股价下跌；当整体局势有利时，股价上涨。

◆ 斯凯勒·韦斯特（Schuyler West）曾经说："艾迪森·卡马克（Addison Cammack）是一位伟大的做空者，他对拿破仑的一句格言奉行不渝——**上帝站在强者一边**（The lord is on the side of the heaviest battalions）。因此，他的操作风格是如果做空股票后出现浮动盈利，那么他会乘势而为，加码做空，击溃多头。当他这样操作的时候就面临一个风险，那就是多头的意愿和实力如何？他的策略是如果多头处于优势地位，股价没有如预期一般下跌，那么就立即离场。这就是聪明的做空赢家与愚蠢的做空输家之间的区别。**真正善于做空者，必然会等待市场时机成熟时才下重手。他们会轻仓试探市场，如果反馈时机不成熟则会立即收手，保存实力等待时机。如此以往，必然等一个良好的做空机会。**但是，做空的新手则缺乏足够的耐心去等待恰当的机会，他们冒进盲动，不知道规避和限制风险。这就是艾迪森·卡马克被称为做空大师，而许多拥有潜质的年轻人在做空上难以有所建树的原因所在。"

搞清楚参与者的利益，你才能清清楚楚明明白白地采取有利的行动。

身动气闲，手忙神安，短线投机之心要。

什么是强者？实力最强大者。那么，如何培养或者获得实力呢？这才是问题的关键。

这里讲的是趋势投机客的策略，但在重视趋势的前提下，也要耐心等待时机。趋势如何识别？时机如何确认？这些就是具体的细节问题了。本书主要是讲一些华尔街的心得体会，对于具体的技术细节则没有太多涉及。时机和市场存在差别，细节上也多有不同。

◆ 有人询问查尔斯·H.道（Charles Henry Dow）："你在回答别人的提问时说过买入 10 股需要 1000 美元保证金，但是对于市场上大多数股票而言，买入 10 股根本要不了 1000 美元保证金。反过来讲，1000 美元都可以全额买入 10 股，而不需要任何杠杆了。在市场上，1000 美元买入 20 股也是稀疏平常的做法。你能够详细解释一下，为什么保证金的数额不是由所要购买股票的价值和特点决定的，而是由一些看起来主观的规则决定的？"

查尔斯·H.道是这样回答的："市场上大部分人都认为 1000 美元作为买入 100 股的保证金比较合适，这也是大部分投机客愿意接受的杠杆水平。但是，如果交易者以 10% 的保证金买入 100 股，那么他没有能力在股价继续下跌时加码买入以便降低平均成本。更为重要的是股价稍微下跌就会爆仓。但是，如果交易者将 1000 美元作为买入 10 股的保证金，或者有时候以全额保证金的方式买入，同时假设他是根据股票的内在价值买入的，在买入时该股有显著的估值优势。那么只要他对这只股票的估值没有发生变化，则可以在必要时加码买入，这时候就可以发挥保证金的杠杆作用了。大家都明白一个道理，那就是只要有能力留在股市中，并且合理地降低平均成本，那么就可以避免过度交易，也意味着最终的收益是丰厚的。所以，如果交易者将 1000 美元作为买入 10 股的保证金，则他们将有更大的把握获利。因为保证金的数额不但要满足底仓的需要，还要确保交易者能够抓住市场此后出现的机会，而这只有在保证金充裕的情况下才能实现。"

道氏除了谈及充足保证金的重要性，还谈到了周期这个问题："**大众倾向于认为现在的情况会持续很长时间。**当股市表现极端糟糕的时候，人们很难相信黎明就在眼前。当股市上涨，经济一片繁荣时，大众又会认为这样永久繁荣的到来，这次将不会重复历史的循环，繁荣就持续下去。但实际上，股市和经济的波动都是因为供求关系的变化而产生的，周期不可避免。流通和生产的周期性广为人知，当经济开始复苏

直线预期是人类认知心理的显著特征之一。

171

时，零售商发现无法再按此前的低价买入商品了，价格有上行的苗头，于是他们稍微增加了购买量。零售商的举动使得批发商的出货量增加了，于是进一步刺激了商品制造者的业务。制造者不断不加班，雇用更多的劳动力，扩大生产规模，而这会使整个工业品和农产品的需求增加。当经济步入繁荣时，通胀上升，商品的产量也在不断上升。繁荣使上市公司的业绩大增，同时信贷也不断扩展，大量的资本涌入华尔街想要从经济和股市的繁荣中分一杯羹。当经济步入衰退时，流通和生产环节的情况就完全反过来了。零售商的销售下降，大致他们减少了采购规模，愿意支付的价格也下降了。这进一步导致批发商的出货量下降，然后使商品制造者降低生产规模，解雇冗员。经济和股市都步入萧条之中，这就是循环。**经济的循环周期一般为5年，这就是所谓的存货周期。**股市是对实体经济的提前反映，股市是对未来经济走势的贴现。股市下跌通常预示着大宗商品将走熊，股市先于经济和商品市场波动。"

◆ 丹尼尔·凯洛格（Daniel Kellogg）曾说："无论是在金融领域，还是在哲学等任何一门人文社科学问当中，都认为人性具有固有的缺陷。最显著的缺陷之一就是人整体上相信自己愿意相信的东西，而不是客观存在的东西。人受制于个性和感情，而不是由理性主导。极少有人从实际出发去分析，连表面的现象都不屑一顾，因此很难得出客观的结论。人性的这类缺陷使得极少有人愿意下功夫独立思考，自己去探索金融问题，不受众所纷纭的影响，最终得出自己的结论。在交易股票的时候，人的行为容易受到眼前波动的影响，而不是基于具体的事实决策。**现实来看，没有什么人类活动比金融交易对思维的要求更高了。**急于交易而忽略基本的金融常识是许多人的通病——他们持有债券，但是却不清楚可转换债券的价值；他们想要成为上市公司的股东，但却从不研读其年度报表；对于分红派息的意义和财务报表上的各种项目丝毫不懂。下面我说的这个故事是这些年来金融史上极为重

"哈耶克三角"对于理解经济周期比较有用，大家可以借阅一下奥地利经济学派的书来深入了解。

存货周期也被称为基钦周期，一般持续3~5年。

要和非常具有教育意义的一次事件。故事主要讲的是芝加哥—密尔沃基—圣保罗铁路公司（Chicago，Milwaukee and St. Paul Railway）的债券持有者由于对条款认识不清，以至于丧失了将债券转换成优先股的权利。当这些债券持有者接受上市公司按照盘票面价值支付现金时，才发现数周前他们其实有权利将债券转换成两倍于面值的优先股。其实，当时的条款里面明确规定债券持有者可以在特定时间，按照特定方式将债券转换成优先股。但是，许多债券持有者完全没有注意到这点，相关的经纪人公司也没有注意到这一点，而这些公司的雇员其实是接受过专业培训的。一位相关经纪公司的首脑承认自己当时忙于北太平铁路股票的多空激战，没有注意到这个条款，等到发现时，除了惊讶，只有遗憾。"

◆ 有读者来信询问：我持有艾奇逊公司和密苏里太平洋铁路公司（Missouri Pacific）的股票，现在已经好几个点的利润。但是，我每天只能查看一次行情，因此非常担心浮动利润会在我没有看盘的时候消失。同时，我也想要继续持有以便赚取更多的利润，请问我应该采取什么样的行动呢？

我给出了如下的解答：你的这种情况最好设定跟进止损单，将其保持市价的最高点之下 2 个点的价位上。例如，如果密苏里太平洋的市价最高点为 117.5 美元，那么当市价跌到 115.5 美元时便应该卖出。如果股价最高触及 118.5 美元，那么跟进止损单就应该向上移动到 116.5 美元。持续按照这一策略操作，直到跟进止损单被处触发，或者是在盈利目标达到后离场。**对于不能盯盘的交易者而言，如果头寸已经有了一些浮动利润，那么跟进止损单是最好的应对方式。**当主力拉升股票时，正常的回调幅度不会超过 2 个点。一些交易者认为 2.5 个点的止损幅度更加可靠，因为某些情况下 2 个点的止损幅度容易被市场的噪声波动洗出去。但是，大多数情况下如果某只股票下跌了 2 个点，则很可能进一步下跌。主力在运作股票时往往希望将回调控制在 1 个点的幅度，这样既可以测试市场的承接和跟风程度，同时也不至于吓退所有参与

有效的合同构建一个格局，如果你不清楚格局，又怎样去运筹呢？

2 个点基本都是指 2 美元，不是 2%。

者。主力在正常情况下不愿意回调幅度过大，因为这样做很容易毁掉苦心经营起来的参与热情。**主力希望大众能够在高位承接自己卖出的筹码，而大众的这种兴趣需要在稳步上涨的市场氛围中培养起来，这意味着回调幅度不能过大。**所以，我们设定 2 个点的跟进止损幅度。除非特殊情况，主力改变了操作套路，否则一旦回调 1 个点，往往都会吸引大众的买入热情，在上涨趋势结束前，跟进止损单都不容易被触发。

一般而言，股价上涨 10 个点后会在高位盘整一段时间，然后继续上涨。当股价达到主力出货区域时，主力需要一些时间来操作，正如在低位吸纳筹码需要一些时间一样。在出货的阶段，庄家需要维持股价的坚挺态势。他们不会只卖不买，这样很难维持住股价的坚挺。假如他们想要卖出 1 万股，那么他们可能是每买入 1000 股，再卖出 1200 股到 1400 股，这样就可以维持股价强势的情况下逐渐清空自己手头的筹码。庄家的这些动作会在盘口上留下蛛丝马迹，因此有经验的交易者可以从中得知及时离场的信号。当然，如果交易者采用跟进止损单，那么即便错过了这些信号，也能够全身而退。尽管执行止损单让交易者损失了 2 个点的潜在利润，但是通过耐心持仓，等待跟进止损单被触发，他们可以获得远远多于 2 个点的利润。**如果交易者想要依靠自己的判断来确定最佳的卖出时机，就很难获得如此厚的利润。**

◆ 许多交易者都认为股市涨势停滞后都会出现下跌，他们认为这是一种规律。其实，**涨势停滞后是下跌还是上涨，取决于目前是处于上涨趋势，还是下跌趋势。**如果处于上涨趋势，则停滞后股价会继续上涨；如果处于下跌趋势，则停滞后股价会继续下跌。通常而言，牛短熊长，因此上涨停滞后下跌的概率是要大一些。牛市的大背景往往是经济繁荣，上市公司业绩增长，因此股市停滞反而意味着估值优势增加，价格肯定有上涨的空间。无论是资深投资者，还是专业投资机构都明白，如果价值显著高于价格，则价格必然存在向上的能量。熊市的大背景往往是经济衰退，上市公司业绩下降，

因此股市停滞反而意味着估值劣势在增加，价格肯定有下跌的空间。

另外，**股价横向整理一段时间后再启动，要么意味着某一事件驱动了行情，要么表明主力在活动。**如果是前者，那么行情恢复的原因就显而易见，如果是后者则意味着主力肯定是在研究了格局和背景之后发现推升价格可行。主力会研究各种因素，例如，市场上的玩家是否持有这只股票？他们的交投热情高吗？拉升该股的潜在空间如何？游资和机构是否持有大量的筹码？这些都是进行个股运作的基础。大众会跟风主力，部分人会获利，部分人会亏损。无论主力和跟风盘如何动作，这些都是大趋势中的小波动。从全局和长远来看，价格与价值一致，而价值会受到上市公司业绩的影响。

研究股价短期波动，必须将长期趋势也考虑进来。大众普遍犯的错误是只考虑价格，不考虑价值。价格以价值为中枢，当大盘下跌使个股的价格显著低于价值时，持有者应该坚定持有，甚至加码买入。**前提是你深入全面地研究过这家公司，这就是理性交易与激情赌博的区别。**谁都可以盲目地下注股价是上涨还是下跌，但是盲目是要付出代价的。理性的交易者在交易股票前需要先研究大势和大盘，然后在研究个股所在的板块是否受到正面影响。接着，确认个股的内在价值是否被低估，是否处于上升通道中。如果大盘和大势看好，板块处于上行态势，个股价值被低估，则应该买入这只股票。买入后，股价暂时停滞不要沮丧和急躁，因为如果公司业绩持续增长，而股价不变，则估值优势越来越大，上涨的可能性和潜在空间也就越大。一旦股价开始上涨，不要有了几个点的利润就匆忙离场。如果股价上涨，但是估值仍旧具有优势，那么就应该加码买入。坚定持有，直到价格显著高于价值，或者采用跟进止损离场，这才是真正的盈利之道。股市大家的赚钱风格不是频繁交易，而是准确预判内在价值的趋势，逢低买入，持有到估值优势丧失。小资金交易者不能拉升个股，但是如果判断准确，也可以通过坚定持股，等待主力机构和大投资者拉升。

指数 N/2B 法则：趋势开始的确认信号

趋势是指指数（价格）的整体走势，如何确认趋势的开始，这个必然要从技术面最终入手。基本面和心理面分析再透彻，必然还是要落实到指数走势上才能赚得真金白银，因为与盈亏直接相关的还是指数（价格）的走势，而不是你的分析。

谈到 N/2B 法则的人很多，罗伯特·雷亚、维克多·斯波兰迪、乔伊·罗斯、杰克·茨威格，等等，其实这个东西并不神秘，但是要说透恐怕需要一本书的篇幅。我们这里仅仅从指数趋势确认的角度去介绍 N/2B 法则，而且我们的着眼点与上述大家不同。具体而言，罗伯特·雷亚着重 N/2B 对 N/2B 的交互验证，而维克多·斯波兰迪着重于对 N/2B 提供的技术进场信号进行介绍，乔伊·罗斯则将 N/2B 当成了系统交易方法的基本单位构件，杰克·茨威格则从空头陷阱和多头陷阱的角度来介绍 2B 点的逆向进场法。那么，我们着眼于什么呢？着眼于技术面与基本面和心理面的验证。N/2B 没有那么神秘，只是市场波动的一个最常见结构而已，只有与基本面和心理面工具结合起来才能对交易实践产生显著影响。

我们分别介绍 N 字结构和 2B 结构，关键是大家在掌握了这两种常见的顶部和底部形态之后能够结合前面几堂课已经学到的东西进行运用。具体而言是你要努力将股市极可能在经济衰退阶段筑底的预判与 N 字底部（或者 2B 底部）的出现

趋势有一些技术特征，但是这些特征却不是只有趋势才具有的。因为，想要寻找预判趋势和震荡的技术圣杯是徒劳的。

结合起来分析，或者是将股市极可能在经济繁荣阶段构顶的预判与 N 字顶部（或者 2B 顶部）的出现结合起来分析。这是第一个重要的方面。

流动性与 N/2B 结构的综合研判是第二个重要的方面，具体来讲就是将流动性极端低水平与股指的 N/2B 底部结合起来研判，或者是将流动性极端高水平与股指的 N/2B 顶部结合起来研判。

第三个方面则是成交量法则与 N/2B 结构的综合使用，具体而言就是地量与 N/2B 底部结构的相互确认，天量与 N/2B 顶部结构的相互确认，当然两者接近即可，没有必要完全对应，也就是说不要求 N/2B 结构完全对应于天量或者地量，只要在时间上靠得很近即可。

除此之外，我们还应该将这里的内容与股票的整体供给、"国家队"资金的进出，以及市场整体估值水平、指数动量背离、市场舆情结合起来分析。后面会提到与 N/2B 结构进行交互验证的四个最为关键的方面，我们还是先从 N 字结构入手进行介绍，然后再介绍 2B 结构，毕竟对于很多还没有接触过这两种结构的初级交易者而言，还是有必要进行基础知识上的一次梳理。

对于那些经验丰富的中级水平交易者而言，重新认识这两种结构也是必要的。毕竟，本次系列授课的逻辑框架与主流观点不同，因此有必要站在恰当的角度来认识 N/2B 结构在整个指数大势研判中的功能和用法。

严格意义上来讲，股市市场上的 N 字结构需要从价量两个层面来进行完整理解，在实践中也是同样的道理——**你需要在价格（指数）与成交量两个层面同时确认 N 字，这样去分析才能提高操作的胜算率**。我们此前出版过一本小册子，名为《短线法宝：神奇 N 结构盘口操作法》（以下简称《短线法宝》），整本书都围绕着价量 N 字结构展开，当然那本小册子集中于传授个股的短线方法，因此对于指数基本没有涉及。在这里我们仍旧讲 N 字结构，不过却是从指数的角度来讲，更为重要的区别在于在**我们最终要把 N 字结构与基本面和心理面结合起来使用，这才是股票交易的王道**。例如，某些题材股或者重组股在发动之前，其实有很明显的 N 字顶部结构，将基本面和心理面与 N 字结构结合起来研判，这个并不是今天才被发明的框架，其实杰西·利莫佛是精于此道的高手。因此，我们不能局限于《短线法宝》的纯技术面姿态。毕竟，《短线法宝》主要还是停留在入门者这个角度上，重点引导大家对市场运动的基本结构以及主力动作的基本盘口特征有所认识，并且能够在恪守仓位管理的前提下逐步走向盈利之路。

N 字结构又被称为 123 结构，因为这个结构主要是用 3 个点来定义的。请看附图 1-1，左边是 N 字底部定义的理想结构，也就是说 A 点开始上涨，涨到 B 点开始回撤，

回撤到 C 点继续上涨，然后创出新高超过 B 点，关键在于 C 点不能低于 A 点，而回撤结束后上涨必须超过 B 点。

所谓 123 底部其实就是用 ABC 三点来定义，最早的时候我们也不知道国外对 N 字结构的研究，只是自己交易实践中逐步总结出来的东西，看起来像 N 字就定义为 N 字结构了，后来才发现这个东西国外也有，一般被定义为 123 结构。

附图 1–1 右边的部分是一个指数走势构成的 N 字底部。N 字结构反映了"肯定—否定—否定之否定"的辩证式前进法则，其实趋势的发展就是以这样的方式展开的，往往一波大行情你拿不住的原因有两个：一是因为你不了解趋势的具体展开方式是波浪前进的，二是你对能不能形成趋势心中没谱（归根结底还是你对驱动面没有吃透）。

趋势形成与否与题材的生命力有关系。

N 字底部

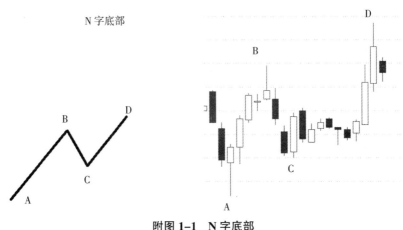

附图 1–1 N 字底部

仅有 N 字底部的理想模型和定义还不够，我们来看一些指数走势方面的具体实例。沪深 300 指数对于股指期货交易者而言具有非常重要的意义，因为这是相应的现货标的，而且沪深 300 指数本身融合了大盘股和中盘股的影响，比起上证指数而言更能反映整个 A 股市场的走势。

在识别大盘大势方面，我们除了关注上证指数之外也应该不时查看沪深 300 指数的日线图走势。N 字底部在沪深 300 指数日线图走势上具有较为有效的提醒意义，请看附图 1–2，

这是一个典型的 N 字底部。ABC 三点非常清晰，这就是市场从技术面提醒我们向上趋势很可能开始了，那么我们接下来就应该研究下驱动面和心理面是不是支持这一提醒信号，这就是真正股票高手的思维习惯了。

附图 1-2　沪深 300 指数走势中的 N 字底部实例

2007 年之后做 A 股不能不考虑大盘股、小盘股这样的区分，因为资金的流动具有明显的轮动效应，这既可以算得上是板块方面的差异，也应该算得上是大势级别的一种动向。因此，在观察 A 股市场动向方面，我们要除了观察上证指数、沪深 300 指数之外，也不能忽视了创业板指数。

创业板指数反映了小盘股的整体趋势，该指数的底部往往也以 N 字底部的形式出现，这对于我们把握整个小盘股的动向具有很好的提醒作用。请看附图 1-3，创业板指数 2010 年 8 月左右形成了一个 N 字底部，ABC 三点非常明显，此后该指数有了一波显著的上涨趋势。

谈到 N 字底部，我们已经看到了清晰而简单的实例，其实在 A 股指数的走势中，除了简单 N 字底部之外，还有一些复合类型的，如图 1-4 所示的实例。上证指数在形

附图 1-3　创业板指数走势中的 N 字底部实例

成历史大底 1664.93 点的时候，其实是构筑了一个多重 N 字底部，这个可以从上证指数走势的局部放大图中看到。

出现第一个 N 字底部的时候，我们就应该反过来查看基本面和心理面的情况。当然你也可以在分析得出基本面和心理面见底之后，等待技术面见底的信号。是不是流动性底部出现了，信贷开始筑底回升了，是不是经济快要见底了（股市先于经济见底，经济有见底预期的时候股市就已经见底了，虽然在经济衰退的中后期股市往往会见底），是不是市场情绪极端悲观点已经出现了，社保基金是不是有入市迹象，等等。如果第一个 N 字底部出现你还没有搞清楚，那么等到复合 N 字底部出现的时候，那么你就应该尽快"搞个水落石出"，哪怕熬夜两天也要将基本面核实研究透彻，因为这时候很可能就是大行情开始往上的时候。

中医讲四诊合参，我们做交易研究市场也要遵循这个原则。

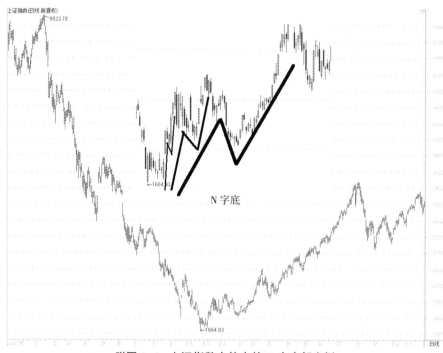

附图1-4 上证指数走势中的 N 字底部实例

　　N 字底部通常意义上是针对指数（股价）本身的，但是真正要运用这个结构还是需要结合成交量这个指标。**N 字底部出现的时候，往往相应的成交量也经历了"放量—缩量—再放量"的过程，这就是成交量的 N 字结构。**价量同时在大幅下跌后出现 N 字结构，那就是效率很高的见底信号了。

　　我们来看一个实例，见附图 1-5，深圳 300 指数在 2784.73 点附近出现了 N 字底部，指数先上涨，再回调，然后再上涨创出回升新高，对应的成交量在指数上涨的时候放量，指数回调的时候缩量，指数再度上涨的时候再度放量。

　　这种底部信号，道氏大家罗伯特·雷亚非常重视，投机巨擘杰西·利弗摩尔也非常重视。指数"上涨—回撤—再度上涨"体现了"发散—收敛—再度发散"的市场节律，成交量"放大—收缩—再度放大"也体现了"发散—收敛—再度发散"的市场节律，这种节律就是趋势展开的节律。你要熟悉这种节律，才不会拿不住你的单子。一波大的趋势不可能是完全以直线的方式展开，其中必然包括了曲折和波动。

道路是曲折的，前途是光明的。

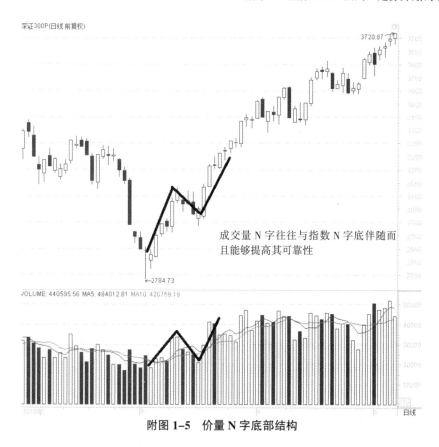

成交量 N 字往往与指数 N 字底伴随而且能够提高其可靠性

附图 1-5 价量 N 字底部结构

　　N 字底部大家应该基本搞清楚是怎么回事了，现在我们接着来了解 N 字顶部的定义和实例以及相应的运用之道。N 字顶部与 N 字底部呈现镜像关系，这点是大家需要明白的。

　　N 字顶部出现在市场大幅上涨之后，N 字顶部是向下 N 字中的一类。N 字顶部是价格大幅上涨之后出现下跌，这就是形成了第一波下跌，然后反弹，但是不创新高，接着再度下跌，创下回落来的新低，见附图 1-6。N 字顶部也是通过若干个点来确定的，最为关键的是 B、C 两点，其中 B 点处于一波下跌走势的末端，此后的再度下跌要跌破这点，而 C 点处于一波反弹走势的末端，且 C 点低于 A 点。

　　我们来看一些 N 字顶部的具体实例，当然是只涉及指数相关的 N 字顶部，因为我们还是在围绕 AIMS 中的 M 进行介绍。请看第一个 N 字顶部的实例，见附图 1-7，创业板指数在 122.18 点附近出现了一个向下的 N 字结构，由于此前处于持续上涨状态，因此这可以看作是一个顶部 N 字结构，C 点比 A 点低。如果 C 点和 A 点一样高，那就是双顶了；如果 C 点比 A 点高，那就是后面要介绍的 2B 顶了。C 点比 A 点低，而 CD

N字顶部

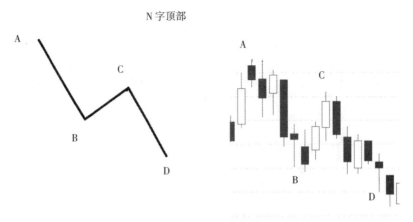

附图1-6　N字顶部

附图1-7　创业板指数走势中的N字顶部实例（1）

段跌破了B点，所以这就是一个被确认了的N字顶部。

附图1-8展示了创业板指数上另外一个N字顶部，看看与附图1-7以及前面的N字结构有什么共同特点呢？A、B、C、D四个点的K线形态有什么规律么？A、B、C

三点都是反转的 K 线形态居多，而 D 点则是持续的 K 线形态常常出现。例如，在附图
1-8 中 A 点有一个黄昏之星形态，在 B 点有锤头底和看涨吞没……这就是 K 线作为微
观形态与中观走势的结合剖析，可以相互验证，提高准确率。关于这点涉及**技术分析**
（行为分析）的核心——"势位态"。

附图 1-8　创业板指数走势中的 N 字顶部实例（2）

正如 N 字底部一样，N 字顶部也会出现所谓的复合形态，请看附图 1-9。上证指
数在历史大顶 6124.04 点出现了一个复合 N 字顶部，相当于给了迟疑的持股者两次技
术面提醒信号，记得当时有一位企业界朋友非得在第一个 N 字形成后重仓买入，怎么
也劝不住，结果可想而知。

判断 N 字顶部最好也要结合成交量，成交量往往也会在指数初次下跌的时候逐步
缩量，随着反弹放量，反弹结束后继续下跌时再度缩量。我们来看一个例子，见附图
1-10，中小板指数在 6177 点附近形成 N 字顶部时，成交量也形成了向下的 N 字结构。
其实，成交量总体反映了一个倾向，那就是涨的时候交投活跃，跌的时候交易平淡。

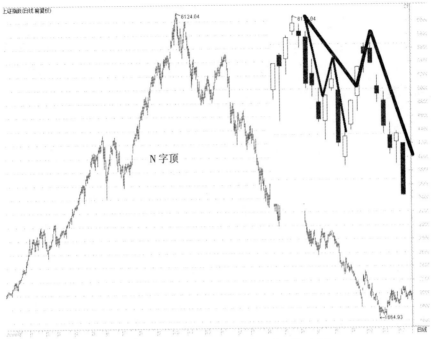

附图 1-9　上证指数走势中的 N 字顶部实例

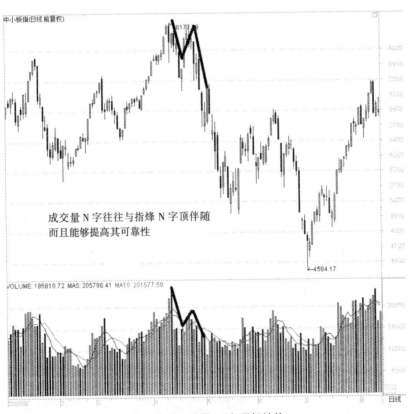

附图 1-10　价量 N 字顶部结构

上涨的 N 字被称为向上 N 字，大幅下跌后出现向上 N 字，一般被当作确认中的 N 字底部；下跌的 N 字被称为向下 N 字，大幅上涨后出现向下 N 字，一般被当作确认中的 N 字顶部。当然，仅从 N 字结构出现之前价格是否大幅下跌或者上涨还不能有效地确认 N 字顶部或者底部，毕竟指数走势中 N 字结构非常多（见附图 1-11），因此我们需要借助于非技术分析为主的工具来完成进一步的确认。

技术分析的最高境界在技术分析之外，真正决定趋势的不是趋势线，不是技术指标，不是 K 线形态，而是基本面，特别是经济周期和流动性。讲 K 线的书，你要学了几天技术分析都能写出来，所以众人趋之若鹜的东西基本都是没有真正价值的。即便是要学，也要从其他角度来学，从不同于一般人的角度来观察和研究一个大众热捧的事物。

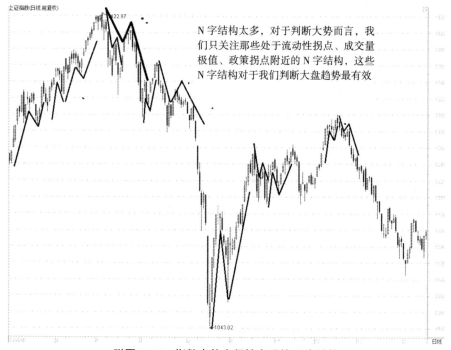

N 字结构太多，对于判断大势而言，我们只关注那些处于流动性拐点、成交量极值、政策拐点附近的 N 字结构，这些 N 字结构对于我们判断大盘趋势最有效

附图 1-11 指数走势中频繁出现的 N 字结构

是不是顶部 N 字结构，除了结合成交量 N 字之外，还可以看是否最近出现了天量，指数天量代表的极端兴奋，如果这种兴奋出现在两波或者三波持续上涨之后那么很可能就是极端兴奋点了。与此相应的是底部 N 字与地量的同时出现，见附图 1-12，这时候 N 字底部的有效性就更高了，地量出现意味着交投到了极点，对于指数而言，往往意味着悲观到了极点（当然，这是一种常见的情况，并不是所有地量都是悲观极端点，所以我们才需要综合研判，这就跟病情诊断一样，

比如针对病人咳嗽的情况，首先列出哪几种病可能引起咳嗽，然后再来排除）。

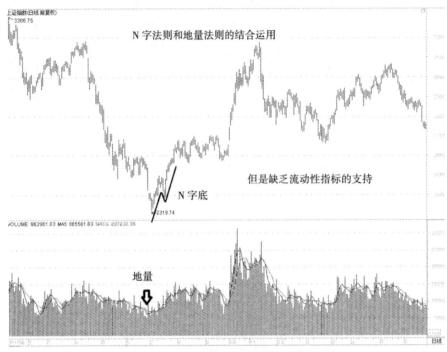

附图 1-12　上证指数 N 字底部与地量的结合

仅是结合成交量来研判 N 字顶部和底部并不能彰显我们在股市研判上的优势，我们还要用大家用得少的武器，这就是流动性了。我们在 A 股市场上一般采用 M1 同比增速作为流动性的工具。M1 与 A 股大势具有同步性的特定，根据历史统计数据可以看到，M1 同比增速接近或者低于 10% 往往意味着流动性重大低点。

在什么情况下 M1 并不能很好地预判股市的底部？

如果股指出现了 N 字底部，相应的 M1 同比增速也在 10% 以下，那么这个 N 字底部的有效性就非常高了。我们来看一个具体的例子，请看附图 1-13，2008 年 11 月左右上证指数在 1664 点附近，相应的 M1 同比增速低于 10%，这就形成了流动性底部对股指 N 字底部的确认。有了这个判断，你进场的勇气都大了不少。这比那种只看图形就进场的交易者在主观上更有勇气，在客观上更有胜算率。

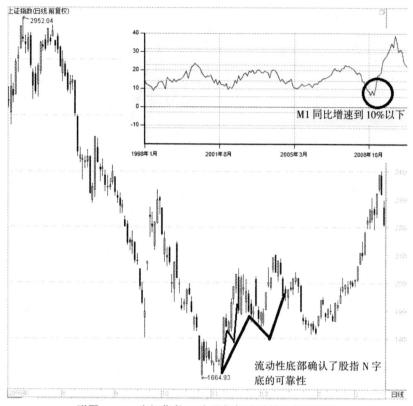

附图 1-13　上证指数 N 字顶部与流动性底部的结合

　　N 字顶部和底部还可以从市场情绪的层面进行验证，如果说用 M1 来验证 N 字结构属于基本面对技术面的确认，那么用市场情绪来验证 N 字结构就属于心理面对技术面的确认。你不要以为这是一种理论家的论点，我们在实际交易中经常这么干，圈子里面玩得好的高手也这么干，只不过人家不告诉你而已。我们来看一个具体点的例子，请看附图 1-14。2007 年 9 月 17 日，《牛市一万点》火爆上市，当时是一件很大的事情，市场营销做得很猛，这很可能是情绪极端乐观的征兆，这就提醒我们了，我们可以市场出现 N 字顶部或者 2B 顶部。当然，此后，上证指数在 6124 点附近出现了 N 字顶部，我们可以反过来观察市场情绪，看到该书受到的追捧就可以从情绪的角度断定市场走到极致了，这样就反过来确认了 N 字顶部。

　　为了大家实践起来方面，我们给大家来个"按图索骥"。请看附图 1-15，你见到了 N 字底部，接下来你就应该寻求非技术面为主的有效证据，首先看看目前市场整体估值水平是不是足够低，具体就是看市盈率和市净率；其次查看市场情绪指标，如知名杂志封面有没有突然提到股市，还应该查看下知名博主们的舆论倾向等；再次看看社

股票投机指南：顶级交易员深入解读

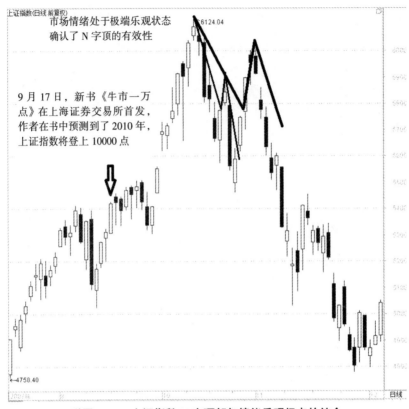

附图 1-14　上证指数 N 字顶部与情绪乐观极点的结合

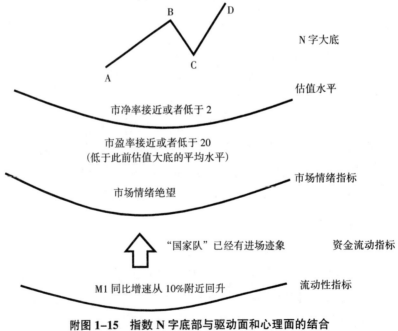

附图 1-15　指数 N 字底部与驱动面和心理面的结合

190

保基金和汇金有没有动静，网上你输入关键字检索下；最后查看下 M1 同比增速怎么样，看看央行网站，关注下货币政策委员会成员最近的言论等。反正，见了 N 字底部，你就照着附图 1-15 逐条分析一下。同样，如果见了 N 字顶部，你就照着附图 1-16 逐条分析一下。

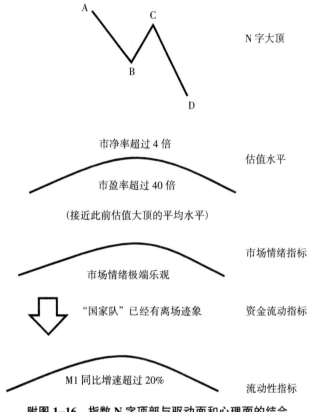

附图 1-16　指数 N 字顶部与驱动面和心理面的结合

　　介绍完了 N 字顶部和 N 字底部，我们接着简单介绍下 2B 顶部和 2B 底部。如果说 N 字顶部是右顶低于左顶的双顶，那么 2B 顶部就是右顶高于左顶的双顶（见附图 1-17）。当指数从 2 顶处回落到 1 顶之下就基本确认了 2B 顶了，如果进一步跌破颈线，那么就进一步确认了 2B 顶了。2B 顶其实是典型的"多头陷阱"，股价在 2 顶处突破 1 顶的高点，虚晃一枪，这就是引诱突破而作的多头，也或者是由于突破后多头蜂拥入场但是后续乏力以至于破位失败。

　　我们来看一些指数走势中的 2B 顶实例，如附图 1-18 所示的上证指数走势中出现的 2B 顶部，在第二顶部附近出现了黄昏之星，这其实是 K 线形态对 2B 顶的某种确认。又如附图 1-19 所示的上证指数另一例 2B 顶，这是一个小型的 2B 顶，而且第二顶以上影线的方式实现，表明上冲乏力。

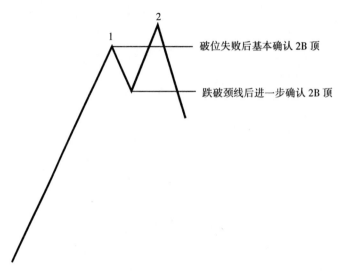

附图 1-17　2B 顶部

附图 1-18　上证指数走势中的 2B 顶部实例（1）

附图 1–19　上证指数走势中的 2B 顶部实例（2）

2B 底部与 2B 顶部是镜像关系，明白了 2B 顶部你就差不多明白了 2B 底部。如果说 N 字底部是右底高于左底的双底，那么 2B 底部则是右底低于左底的双底（见附图 1–20）。2B 底是典型的"空头陷阱"，不过在 A 股市场上由于做空不便，因此追空的可

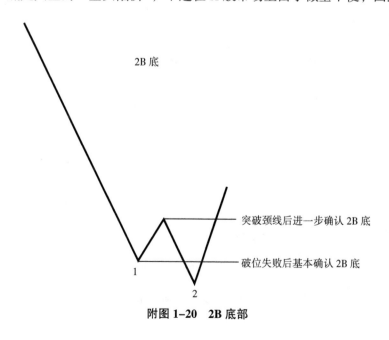

附图 1–20　2B 底部

能性很小，一般只是多头止损而已。2B 底也分为初步确认和进一步确认两个步骤，这个其实也就是在进场及时性和可靠性的两种组合而已。

我们来看一些 2B 底部的实例，第一个例子如附图 1-21 所示。上证指数在向下假突破后其实是形成了一个 2B 底，不过这个 2B 底又包含了一个 N 字底部。这是一个复杂的底部形态，我们倾向于根据 N 字底部操作，只在特别情况下采纳 2B 底部，比如突发性基本面大逆转。第二个例子如附图 1-22 所示，A 股指数出现了一个简单的 2B 底部，不过这个例子中其实包含了连续的 2B 底，只不过此前 2B 底没能反弹超过颈线。

有了 N 字底部或者 N 字顶部我们可以回过头来查看基本面和心理面是不是有重大变化，但是 2B 底部我们一般不这样用。我们一般是发现了基本面或者心理面有重大异常，才等待市场出现信号，要么是 N 字结构，要么是 2B 结构，所以 2B 结构的运用往往是确认信号。如附图 1-23 所示，我们是从下面开始"按图索骥"，而不是像此前 N 字结构那样自上而下。流动性指标见底了，我们等待 2B 底（但往往是以 N 字底部来确认）来确认；又或者是估值水平很低了，同时社保基金进场了，散户也极端悲观了，那么也等待 2B 底来确认。同样，2B 顶的"按图索骥"也是这个道理，如附图 1-24 所示，从下往上看。

附图 1-21　上证指数走势中的 2B 底部实例

附图 1-22　A 股指数走势中的 2B 底部实例

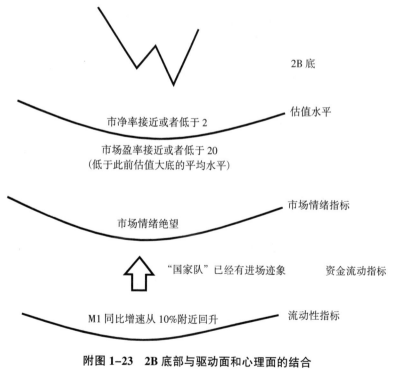

附图 1-23　2B 底部与驱动面和心理面的结合

股票投机指南：顶级交易员深入解读

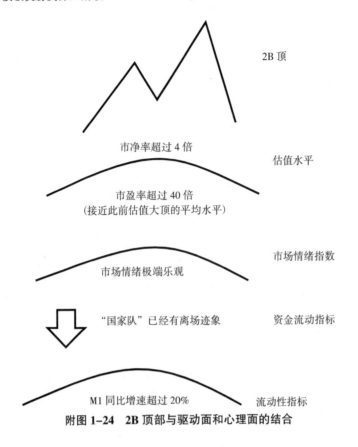

附图 1-24　2B 顶部与驱动面和心理面的结合

技术形态是无法穷尽的，因为这些都是现象。技术分析重要的是知道原理，能够举一反三。

N/2B 是我们对市场的基本认识，除此之外还有一种 N 字结构比较特殊，有必要提一下，我们称之为翅膀形态。因为翅膀底部比翅膀顶部出现更加频繁，所以我们一般忽略顶部的翅膀形态。底部翅膀形态分为三种，见附图 1-25，其实就是 2B 底部和 N 字底部的变种，这里提出来以便避免大家在今后的分析实践中感到迷惑。这种底部在期货（见附图 1-26），股指（见附图 1-27）和个股（见附图 1-28）上出现频率都不低，要关注。当然，本课主要是讲股指，所以大家注意股指在 AIMS 框架下如何运用 N/2B/翅膀三种形态即可。

196

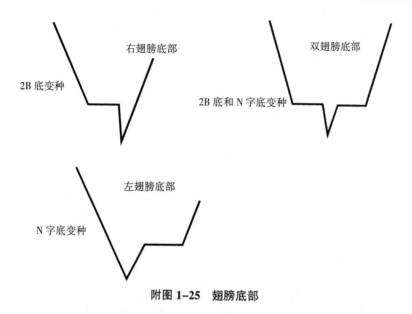

附图 1-25　翅膀底部

附图 1-26　沪胶合约上出现的翅膀形态底部

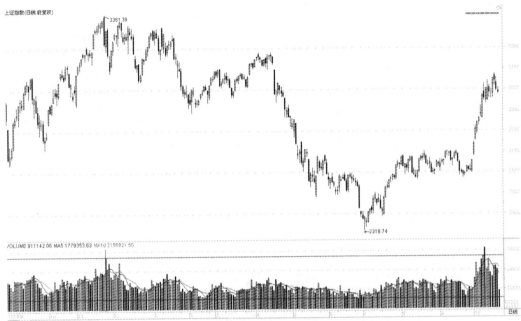

附图 1-27　上证指数上出现的翅膀形态底部

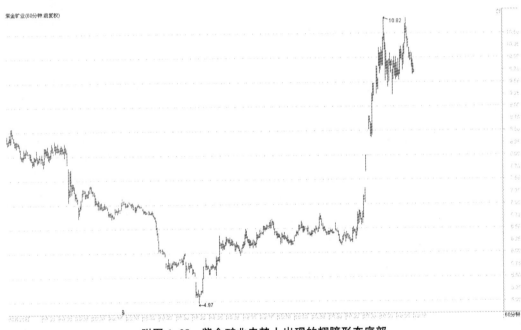

附图 1-28　紫金矿业走势上出现的翅膀形态底部

（摘选改编自《股票短线交易的 24 堂精品课》第五课，"指数 N/2B 法则：趋势开始的确认信号"）

附录2

哈尔兹法则：确认大盘指数趋势的傻瓜工具

美国人塞拉斯·哈尔兹在 1883 年进入股票市场进行操作，到 1936 年，他用了 53 年的时间将最初的 10 万元原始资本增值为 1440 万美元。他用的方法比今天所有的交易者采用的技术分析都要简单得多：当指数或者个股从低价上涨 10% 之后才介入，当指数或者个股没有从最高点下跌 10% 时不卖出股票。在卖出股票之后，股价必须再次从低点上涨 10% 才能再度买入。

那么，这个简单的方法在今天是否仍旧有效呢？说到这里不得不提到三个人，第一个人是中国台湾同胞杨基鸿先生。他用来判断指数趋势的方法与哈尔兹的方法有异曲同工之妙：**指数从最近低点上涨幅度超过 10% 表明大盘处于上涨趋势，当指数从最近高点下跌幅度超过 10% 则表明大盘处于下跌趋势。**

当然，杨基鸿先生主要是一位资深的技术分析研究者，我们应该看看其他两个人如何看待这种通过初始涨幅确定趋势开始的方法。第二个人是一个外国人，他就是道氏理论的当代领军人物杰克·施耐普，他指出：当市场下跌 16% 的时候，指数将以 83% 的概率下跌 21%，以 46% 的概率下跌 35%；当市场上涨 19% 的时候，指数将以 95% 的概率上涨 29%，以 50% 的概率上涨 80% 以上。这位老兄这么多年来一直坚持公开自己的操作信号，按照这个思路他的绩效也非常了得。第

塞拉斯·哈尔兹股票投资的年复利接近 10%。不知道，这 53 年间的美国平均通胀率是多少。

三个人则是多年前《股市天天向上》节目中的"功夫熊猫"袁郑建先生，这个选手以几万元资本做到千万元级别，他介绍自己的大盘趋势确定方法时基本上与哈尔兹一样。

我们在《外汇交易三部曲》中提到过3N法则，其中的一个N就是"**上涨N%表明上升趋势确定，下跌N%表明下降趋势确定**"，其中这个N大家的定义不同，但是基本上在10到20的范围之内，也就是说大盘上涨10%~20%，之后我们应该采取牛市策略，大盘下跌10%~20%之后我们应该采取熊市策略。

当然，这个法则只是我们多重判断工具中的一种，作为股票短线操作者，我们需要"交叉验证"和"多重过滤"，具体的判断结论还需要结合本教程介绍的其他大势剖析工具，比如流动性法则、成交量法则、N字结构等。哈尔兹法则作为一种纯技术的工具具有**一切技术工具的根本弱点：只能作为确认工具，无法作为预测工具**。或许你认为艾略特波浪理论或者是江恩法则可以用来预测市场，其实它们也只是提供了多个可能性而已，至于到底会怎么样，还是要落实到行情本身。

哈尔兹法则，或者简称为N%法则，除了用来分析大盘指数之外，也可以用来分析个股，其实哈尔兹法则最初就是建立在对个股的分析之上的。有人曾经专门统计过哈尔兹法则在个股交易上的绩效。如果单独按照哈尔兹法则进行买卖操作的话也能够获利，但是胜算率接近50%，并且不到50%，而平均盈利略大于平均亏损。但是，如果加上其他过滤指标（比如加上13期移动平均线），则可以将胜算率提高到超过50%，同时平均盈利也显著大于平均亏损。

我们这里要讲的东西看起来十分简单，但如果没有足够丰富的临盘实战经验，你很难坚守我们给予的"简单主张"。在许多技术分析专家看来，这么简单的东西怎么可能有效？其实，**技术分析越简单越好，很多人之所以一直未能在金融市场上持续盈利，诱因之一就是太痴迷于精巧而复杂的技术分析工具和指标了。**

巴菲特的年复利增长率几乎是哈尔兹的两倍，多出来10%靠的是什么？

为什么在介绍了流动性之后马上就介绍哈尔兹法则？第一，为了让大家明白我们不是纯基本面分析，中短线交易实践必须有一点技术分析的基础，哪怕是仅仅看价格和成交量；第二，哈尔兹法则真的是一个我们见过最简单但却被圈内人实践所证明最有效的趋势确认方法（想想我们为什么用了"确认"一词，而不是"预测"或者"判断"呢?）；第三，刚学了经济周期和流动性在判断大势方面的作用和技巧，具体怎么用到实践中，讲多了不行，引入哈尔兹法则后大家可以将基本分析与交易进出场简单地连接起来，不至于无从下手。

哈尔兹本人是将这个法则作为进出场信号，但是圈内人一般将这个法则作为趋势确认信号。我们在这里是围绕如何利用哈尔兹法则判断指数趋势展开的。首先，我们先讲哈尔兹法则的三种参数在上证指数趋势判断上的实例。其次，我们介绍 N%与两种交易策略的关系。最后，我们将哈尔兹法则与流动性法则结合起来运用，这部分是本课最为重要的部分，因为它表明学习者应该不断将新学的技巧融入既有理论和技巧框架中，综合地应对市场变化和交易实践。

我们来看哈尔兹法则的三种参数在上证指数趋势判断上的实例。所谓三种参数，其实就是 10%、15%和 20%，这是圈内采用 N%法则判断趋势时惯用的方法，当然这几个参数主要是用于股票市场，外汇和期货市场基本是杠杆交易所以参数要小一些。就 A 股市场而言，参数 10%意味着：如果指数长期大幅下跌之后从最低点上涨超过 10%，则确认向上趋势（见附图 2-1）；如果指数长期大幅上涨之后从最高点下跌超过 10%，则确认向下趋势（见附图 2-2）。

参数 15%意味着：如果指数长期大幅下跌之后从最低点上涨超过 15%，则确认向上趋势（见附图 2-3）；如果指数长期大幅上涨之后从最高点下跌超过 15%，则确认向下趋势（见附图 2-4）。参数 20%意味着：如果指数长期大幅下跌之后从最低点上涨超过 20%，则确认向上趋势（见附图 2-5）；如果指数长期大幅上涨之后从最高点下跌超过 20%，则确认

如何区分主要运动和次级折返是道氏理论的重中之重。

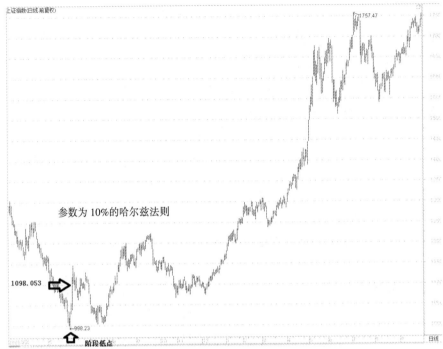

附图 2-1　上涨 10％确立向上趋势的哈尔兹法则

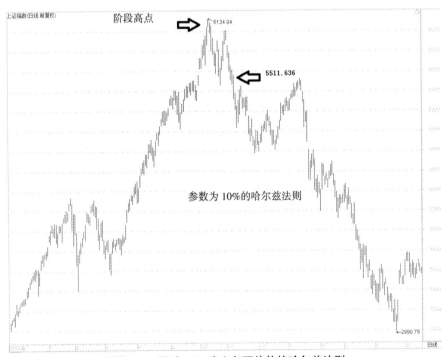

附图 2-2　下跌 10％确立向下趋势的哈尔兹法则

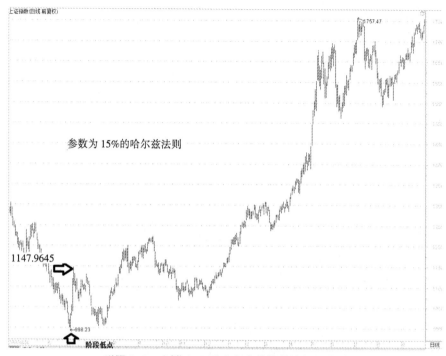

附图 2-3　上涨 15% 确立向上趋势的哈尔兹法则

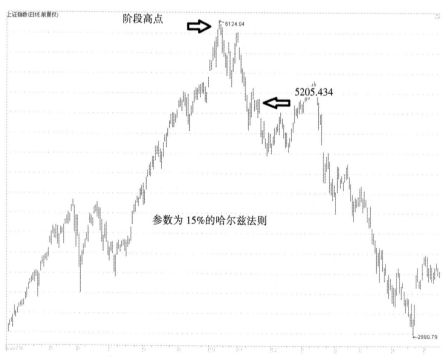

附图 2-4　下跌 15% 确立向下趋势的哈尔兹法则

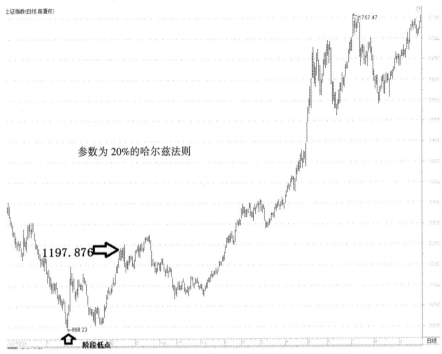

附图 2-5　上涨 20％确立向上趋势的哈尔兹法则

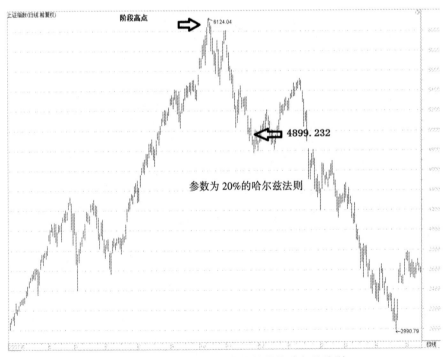

附图 2-6　下跌 20％确立向下趋势的哈尔兹法则

向下趋势（见附图 2-6）。从三种参数设定下的哈尔兹法则可以发现，对于上证指数的趋势性运动和大行情，这个法则都能够很好地识别，同时能够避免次级折返和调整等市场噪声对我们趋势确认的干扰。

N%法则不仅可以用来确认趋势，同时还可以帮助我们清晰地确定两种策略的使用范围。在交易界其实存在两种主要交易思路，第一种是高抛低吸，第二种是追涨杀跌，前者与震荡无序行情有关，后者与单边有序行情有关。

第一种思路往往基于"震荡指标"进行实践，比如 RSI 或者是 KDJ；第二种思路则往往基于"趋势指标"进行实践，比如移动平均线等。市场的两种基本状态与这两种交易思路相应，所以无论你坚持使用哪一种交易思路都会在一段时间亏损而在另外一段时间盈利。但问题的关键是，这两种思路本身并不能"预判"市场接下来是走单边还是走震荡。市场上某些交易者想从纯技术的角度来解决这个问题，目前为止最有效的纯技术方法就是从波动率的角度来解决，比如"周规则"（N 期法则），又或者是布林带，而哈尔兹法则也是从波动率角度解决上述问题的有效尝试。

单边行情发展超出 N%幅度的可能性较大，而震荡行情发展超出 N%幅度的可能性较小，所以如果将 N%定义为一个临界点，那么 [N%，+] 区域则是单边行情的区域，[－，N%] 区域则是震荡行情的区域。这样问题就由"如何预判单边或震荡市"变为"如何确定两种市况的临界波幅"，问题更加明确了。不过基于单纯的 N%，就我们的实践经验而言，也很难解决问题，只能说给了一条勉强可行的路，最好的办法还是借助于"驱动分析、心理分析和行为分析"的融合，本课最后部分会谈到，我们再回到用 N%定义"两种市况"和相应交易思路这个问题上。

大于 N%的波动定义为单边走势，小于 N%的走势定义为震荡走势；单边走势我们用趋势跟踪策略，震荡走势我们用波动闪击策略。通过确定 N%，这样我们就定义了"市况"和

单边大行情往往由主题引发；震荡行情只能由脉冲式的热点或者题材引发，很快股价又会处于震荡状态。

题材的生命力决定行情级别。

相应的策略选择（见附图 2-7），个股上的操作可以这样去思考。

那么，与指数大盘判断有什么关系呢？通过 N%确定大盘目前所处区间，然后再决定对个股的主要操作思路。比如大盘处于大于 N%区域，那么大盘处于单边趋势，个股受其影响处于同向单边的可能性就很大，因此在这个方向上个股的操作就可以采用趋势跟踪为主。

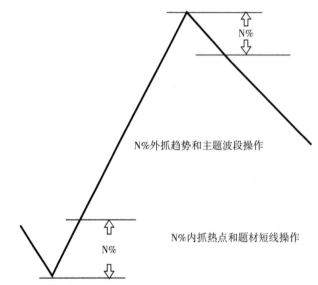

附图 2-7　N%区隔题材短线交易（波段闪击）和主题趋势（趋势跟踪）交易

单纯依靠这个法则可以抓住大行情，但是胜算率却较低，所以必须融入驱动分析和心理分析，如何将经济周期、跨市场分析、流动性与哈尔兹法则结合起来使用呢？这是一个非常有价值的问题，当然也是一个开放式的问题，下面我们给出简单的提示和部分示范。

经济周期与哈尔兹法则结合起来，怎么用呢？**如果股指在经济衰退中后期阶段出现了上涨 N%的情况，那么就是哈尔兹法则和经济周期法则同时确认了指数向上的趋势。如果股指在经济繁荣或者滞涨阶段出现了下跌 N%的情况，那么就是哈尔兹法则和经济周期法则同时确认了指数向下的趋势。**

当然跨市场分析也可以与哈尔兹法则结合起来使用，比如债券价格如果上涨了一段时间，而这时候股指向上涨了 N%，那么股指继续向上的可能性就较大。又如债券价格下跌了一段时间，而这时候股指下跌了 N%，那么股指继续下跌的可能性就很大。其实，债券在经济周期中的上涨和下跌整体上还是与利率和流动性相关，最后我们就着重说说流动性法则与哈尔兹法则在股指趋势判断上的联合运用。

将哈尔兹法则与第二课学到的流动性法则结合起来运用，这可能是本课最有价值的地方之一。M1 同比增速被广泛证明是股指上涨和下跌的强大动力所在，我们用它作为流动性的指标，这个指标你可以从很多财经网站上查询到。N% 具体定义为 10%，也就是说通过行为分析（技术面）的 10% 与驱动分析（基本面）的 M1 来把握趋势起点。从第二课我们知道，在 A 股市场，一般 M1 同比增速回落到 10% 以下，则 A 股阶段性大底的可能性很大，不久之后如果股指上涨超过 10% 则进一步确认了熊市的底部（见附图 2-8）。另外，如果 M1 同比增速超过了 20%，则 A 股阶段性见大顶的可能性很大，不久之后如果股指下跌超过 10% 则进一步确认了牛市的顶部（见附图 2-9）。

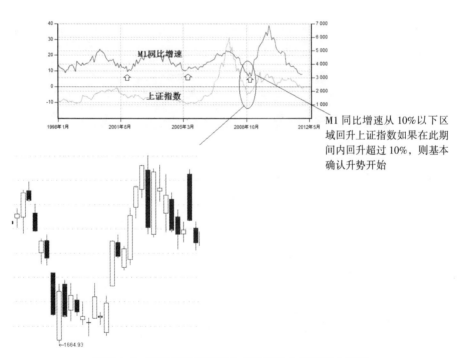

附图 2-8 流动性法则和哈尔兹法则结合判断熊市见底

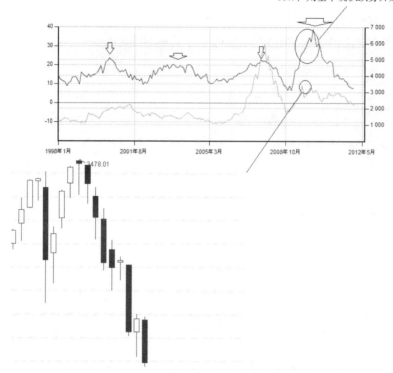

M1 同比增速超过 20%，上证指数此后如果下跌超过 10%，则基本确认跌势开始

附图 2-9　流动性法则和哈尔兹法则结合判断牛市见顶

　　通过本课大家知道了哈尔兹法则（N%法则），知道了如何通过这个法则定义单边和震荡市况，最重要的是掌握了如何将经济周期、流动性与哈尔兹法则结合起来研判A股市场的大盘，希望最后两个实例让你对这个用法有一个直观的认识，让你感受到这个方法强大效力。

　　（摘选改编自《股票短线交易的 24 堂精品课》第三课"哈尔兹法则：确认大盘指数趋势的傻瓜工具"）

查尔斯·H.道论庄家"操纵"

主力操纵股票平均指数的日内波动是可能的，但是要想操纵指数第二层次的次级折返则很难，对于主要运动则绝不可能被操纵。

汉米尔顿本人曾经频繁地谈到股票市场的操纵现象，他认为这些操纵对于股市的主要运动或者说趋势是没有任何影响的。或许不少人对此观点会表示反对，但是大家不要忽略一个事实，那就是汉米尔顿提出上述观点来源于其丰富全面的职业经验——他与华尔街的资深交易者们过从甚密，况且他一生都致力于收集和研究金融事件和数据。

我随意从汉米尔顿的大量评论当中选取了一些精彩片段放在下面，从这些论述当中可以发现他对操纵的看法一以贯之，从未发生动摇和改变：

"只有数量有限的股票会暂时地受到主力操纵，从而导致观察者对实际情况的判断出现错误。但是如果想要对构成指数的全部 20 只活跃股票进行操纵，意图导致它们的股价出现显著的变化，这是不可能达成的。"（1908 年 11 月 28 日）

"所有人都会认可我的说法，那就可以操纵日内波动，却难以操纵波段运动，而市场的宏观波动则是所有利益集团联合起来也无法主导的。"（1909 年 2 月 26 日）

"股票市场本身比那些主力庄家和内幕人士的力量之和还要强大。"（1922 年 5 月 8 日）

在外汇市场中也有类似的情形，比如伦敦是全球最大的外汇交易中心，当地大银行的英镑交易员们就习惯于操纵英镑的日内走势。

就我的亲身经历而言，有两种理论会让人在金融市场处变不惊、淡定从容，第一种是价值投资理论，第二种就是道氏理论。在某种程度上我们可以认为两者都试图找出某种"稳定的趋势"。

为什么利益集团也无法主宰趋势？因为趋势背后的驱动力量是客观而强大的，不以任何人的意志为转移。

股票有两重属性，价值属性的一面在于商业创造的利润，筹码属性的一面在于稀缺性和题材导致的风险溢价下降。

这点我并不认同，美联储的货币政策对股市是有巨大影响的，不要与美联储作对。美联储是一个理论上拥有无穷弹药的买家，这点大家可以自行思考一下，不必苟同。当然，在超长期的历史进程中，美联储的行为也会受到超级趋势的制约，比如十几年以上的时间跨度，但是几年之内的股票市场确实受到美联储政策方向性变化的直接影响。

消息传播的阶段与股市的生态金字塔层级密切相关。在获取具体消息的速度上主力和机构远胜于一般交易者，但是在趋势的认识上一般交易者可以缩小这个差距。

短线题材投机，打板一族就是这种手法。

"一个影响广泛的错误观念不认可股市的'晴雨表'功能，因为这一观念认为主力操纵会导致股市出现种种无法预测的杂乱波动，所以其预测功能会大打折扣，毫无权威性和预测性可言。我之所以这样说是基于在华尔街 22 年的亲身经历，同时也是基于对 1895 年约翰内斯堡的主力们在黄金矿业股票上操纵历史的深刻了解。所有的这一切案例都表明主力操纵无法影响主要趋势运动。当然，倘若无法证明所有的主要趋势运动，无论牛市还是熊市都是由总体的经济状况导致的，那么这里的谈论也显得毫无意义。**尽管在趋势的最后阶段，情绪主导下的投机和筹码兑现行为主导了市场，但是我们不能否认整体经济状况在趋势中的主导作用。**"（《股市晴雨表》）

没有任何一种参与者可以主导股市的趋势，即便是美国财政部和美联储联手，也无法主导股市的趋势，无法操纵 40 只活跃股票的走势，无法导致股票指数出现大幅的波动。（1923 年 4 月 27 日）

菜鸟级的交易者都认为股票市场的趋势一定是受到了某种神秘力量的影响，这种信念导致了亏损的发生，这是导致亏损的第二大原因，而交易者们亏损的罪魁祸首则是缺乏足够的耐心。菜鸟级交易者对小道消息如饥似渴，他们热衷于从小道消息传播者和报刊媒体上面寻求内幕消息，他们认为这些传闻会主导市场的趋势。他们似乎并未觉察到，那些非常重要的信息往往在刊发出来的时候已经失去了影响力，即便它们与趋势相关，但是也被价格完全吸收了。

实际上，小麦和棉花等大宗商品的短期波动确实会影响相关股票的日内波动。同样，某些时候报纸的头版头条新闻会被股市参与大众理解为牛市或者熊市的信号，由此引发群体性的买入或者卖出行动，这样导致短期内股市被"操纵"的表象。职业投机客会抓住这样的机会先人一步地果断买入，而大众们却犹豫不决，轻仓尝试，等到消息明朗时，大众开始大举买入，而这时职业投机客们却大举抛售。如果市场处

于熊市之中，那么反弹很快就结束了，市场趋势重新主导价格的运动。除非市场当时已经处于某种极端状态，否则单靠那些在头版刊登的技术评论是无法引发股市显著反应的。

那些盲目相信某个主力能够操纵股价的人，只要能够在这个问题上下功夫研究几天，就会发现实质，当然就会转变对这个问题的看法。我讲一个例子来说明，1929 年 9 月 1 日纽交所的上市股票总值超过了 890 亿美元，这么大的市值要想控制其中 10% 的筹码那是需要多少资金啊！

（摘选改编自《道氏理论：顶级交易员深入解读》第三章 "操纵"）

由于通货膨胀的缘故，大家可能觉得这一数字并不算大，但如果我们考虑通胀的因素，将这一数字乘以 300，你可以考虑下需要多少资金了，放在今天需要大概 26.7 万亿美元。2015 年下半年 A 股市场去杠杆引发剧烈动荡，"国家队"组织大量资金入场护盘，花了多少资金，是不是构筑了铁底，大家可以对照走势自己思考一番。